从牵手
到并肩

一个妈妈的家庭教育笔记

刘彦辰 陈正堃 / 著

图书在版编目（CIP）数据

从牵手到并肩：一个妈妈的家庭教育笔记 / 刘彦辰，陈正堃著. — 北京：知识产权出版社，2022.5

ISBN 978-7-5130-8102-3

Ⅰ. ①从… Ⅱ. ①刘… ②陈… Ⅲ. ①家庭教育 Ⅳ. ①G78

中国版本图书馆CIP数据核字（2022）第047281号

内容提要

家庭生活中妈妈对孩子的影响与教育，对孩子品格、习惯、价值观和健全人格的培养都起着极其重要的作用。本书由母子共著，母亲阐述了在繁忙的日常生活中如何利用点滴小事引导、教育孩子，从而培养孩子健全的人格。孩子以自己的收获回应了母亲教育的成效。全书语言简单、质朴，但其中蕴含的教育的力量润物无声，适合所有家长阅读。

责任编辑：张水华	责任校对：潘凤越
封面设计：研美文化	责任印制：刘译文

从牵手到并肩：一个妈妈的家庭教育笔记

刘彦辰　陈正堃　著

出版发行：知识产权出版社 有限责任公司	网　　址：http://www.ipph.cn
社　　址：北京市海淀区气象路50号院	邮　　编：100081
责编电话：010-82000860 转 8389	责编邮箱：46816202@qq.com
发行电话：010-82000860 转 8101/8102	发行传真：010-82000893/82005070/82000270
印　　刷：三河市国英印务有限公司	经　　销：新华书店、各大网上书店及相关专业书店
开　　本：880mm×1230mm　1/32	印　　张：6.25
版　　次：2022年5月第1版	印　　次：2022年5月第1次印刷
字　　数：170千字	定　　价：59.00元
ISBN 978-7-5130-8102-3	

出版权专有　侵权必究

如有印装质量问题，本社负责调换。

篇首语——与君共勉

静待花开

绘本《安的种子》讲述了一个关于"等待"的故事，故事讲的是老和尚把三颗"几千年前的莲花种子"分别送给三个小和尚，本、静和安。本很着急地把种子种在了冬天的雪地里，结果种子死了。静把种子种在金盆贵土里，珍藏在温暖的房间，并运用知识加以人为保护，但因违反自然发展规律，种子也死了；安不慌不忙，拿到种子后珍惜地把它放进小布袋里挂在胸前，等待着季节轮换，直到春天来了，天气变暖，池塘水满，他才把种子种在池塘的一角。结果种子活了，在夏天开出了美丽的莲花。

这个故事让我想到：妈妈在养育孩子的时候，也要学会等待，把握最佳时机，静待花开。

序1
妈妈不完美也可以教育好孩子

2004年10月我的孩子即将出生，我不知道如何养育即将来到这个世界的小家伙，当时的心情是既期待又担心，期待的是想知道这个小家伙是男孩还是女孩，他长什么样子，是长得好看呢，还是难看呢？担心的是自己没有经验，不知道怎么做才能将他养好养大。

在生产之前，先生还陪我到医院上了孕妇课堂，妇产科医生用假娃娃让我们学习如何抱孩子。当我抱起假娃娃，看着假娃娃清澈的大眼睛、胖嘟嘟的小脸蛋时，我就有种忍不住的欢喜，爱孩子的心油然而生……希望我的孩子在爱中成长。于是，在接下来的日子里，怎么爱孩子就成了我整天思考的问题，是溺爱，是宠爱，是无条件的爱，还是其他……我经常问自己，作为妈妈未来要如何培养孩子呢？要把孩子培养成为一个怎样的人呢？

为此，我在网上看了一些关于"遗传和基因"方面的文章。因为我知道每个孩子都会遗传父母的基因。在众多的文章中我保留了以下三段文字。

1.基因是个体发展的基石,它向生命体发出指令,形成身体和脑,并影响着思维和行为。来自父母二人的基因和染色体相匹配形成卵子。由于被称为等位基因的变异,这种匹配并不总是完美的。

2.胚胎的性别取决于精子:一个X精子产生一个XY(男)胚胎;一个X精子产生一个XX(女)胚胎。每个生命体的每个细胞都含有启动生命受精卵的唯一一套遗传密码。

3.基因影响着每一种特质——无论是有些奇怪的东西,还是有些可怕的东西,抑或是某些平常的东西。有证据证明,遗传表现在身高、近视、智力和其他几乎每一种生理和心理特质上。一切特质都有遗传根源、发展模式和环境诱因。但发育的质量受后天环境的影响。

当时我也不知道这些"遗传和基因"的内容是否有科学依据,反正先记下来了,准备作为教育孩子的一个参考。但我也坚信无论基因好不好,后天的家庭环境、父母的教育方式、父母自己是否能不断学习成长成为更好的自己才是最重要的。

我还看了一些育儿方面的书籍,如《卡尔·威特的教育》(卡尔·H.G.威特著,哈尔滨出版社2009年)和《儿童心理学》(鲁道夫·谢弗著,电子工业出版社

2005年）等。当时最打动我的是《卡尔·威特的教育》这本书，该书的第一章就特别讲到"培养孩子要从改造孩子的母亲开始"。在这一章里有一些关键的句子我记录了下来，一直保留至今，例如：

1.母亲对孩子的教育极为重要，历史上的伟人往往有一个善于教育孩子的母亲。

2.母亲怀孕期间如果心情不快乐，会影响胎儿的发育，而发育不良是形成软弱无能者的原因之一。

3.母亲的工作不能由旁人替代，孩子的教育必须由母亲承担。把自己的孩子托给他人，恐怕只有人类才这样做，这种做法有违天性。

4.从孩子一出生教育就开始了。

5.对孩子的教育和平时的管教，母亲一定要承担起责任。

6.很多不称职的母亲，在无意之中把孩子引向了歧途，这是人生中最大的憾事。

以上内容，我对照自己思考了很多，我认为自己不是一个完美的人，我的爸爸妈妈非常溺爱我，导致我自己有一些缺点，那我怎么才能把我的孩子教育好呢？我想这世界上没有完美的人，知道自己不完美，在教育孩子的过程中可以不断地学习，不断提高自己的认知水平，慢慢修正自己不完美的方面。所以我认为妈妈不需要完美，只要自己不断学习和成长,也可以教育好孩子。于是我重新审视自己的优点和缺点,并认真地把它们写了下来,同时也把期望孩子长大以后成为什么样的人写了出来。

妈妈的优点

1. 拥有良好的生活习惯
2. 有责任感
3. 正直、与人为善
4. 不断学习
5. 自律

妈妈的缺点

1. 有一点点依赖心理
2. 不会解决问题
3. 性格孤僻,不善于交友
4. 情绪化

期望孩子长大以后成为什么样的人

1. 独立性强
2. 拥有自控力
3. 会解决问题
4. 正直、与人为善
5. 不断学习
6. 懂得合作与双赢
7. 接纳自己,成为更好的自己
8. 有梦想
9. 有责任感
10. 对社会有贡献

当我写出我的这些优点的时候,我希望我的孩子能传承它们。但是我很难改正我的缺点!因为都是从小积累、慢慢形成的习惯。但在教育孩子的过程中我想我可以规避自己的缺点。比如,我不太会跟各种人打交道,孩子遇到交友问题的时候，我会让我先生教孩子。

司马光《家范》云："为人母者，不患不慈，患于知爱而不知教也。"我想每一个妈妈都会爱孩子，但一种成熟的爱、理性的爱，必须经过学习才能慢慢发展起来，而且爱的能力会随着孩子的成长而成长。懂得慈爱不懂得教育也不行，尤其对于今天的社会，学习教育方法非常重要。我决定开始学习，先慢慢改正自己身上的缺点，成为更好的自己，然后慢慢影响孩子、教育孩子！我想即使我不能完全改掉自身的缺点，但起码我在不断成长，同时可以学到好的教育方法，用好的教育方法来教导我的孩子。

我想在养育孩子过程中的实践和探索，是非常重要的。但如果仅仅凭借个人原有的思维方式、想法、知识、经验、习惯和好恶来教育孩子，成功培养孩子的可能性就会大大减小了。

从准备做妈妈的那天开始，我就要求自己成为一个有爱心、有责任心、了解孩子、理解孩子、接纳孩子、满足孩子发展需求的妈妈。要非常认真地对待妈妈这个角色！因为妈妈影响着一个孩子的未来！

这个世界哪里有完美？妈妈不必完美，不必充当完人，不必把每一件事情都做得十全十美，但妈妈在养育孩子的过程中要不断学习、成长，审视自己的优点和缺点，不断修正自己，不断完善自己。妈妈在完善自己的过程中，在成为更好的自己的过程中，也一定会给孩子一个美好的、幸福的童年。孩子也愿意和这样的妈妈在一起。

序2
父母教育理念不同，一样可以教育好孩子

在家庭教育中，我们都希望夫妻双方有一致的教育理念和教育方法，共同把孩子教育好。但在现实生活中我们很难做到！

比如我和我先生，我们来自两个不同的家庭，有不同的生活习惯，有不同的思维方式，有不同的处事方式。一个人出生在北京，一个人出生在湛江；一个人慢性子，一个人急性子；一个人内向，一个人外向；一个人说话直来直去，一个人说话拐弯抹角；一个人喜欢吃馒头，一个人喜欢吃米饭……我们是完全不同的两个人，所以在教育理念和教育方法上也是完全不同的。然而这也是非常正常的。

大家都看过《西游记》，其中的四个主要人物唐僧、孙悟空、猪八戒、沙和尚性格迥异：唐僧为人诚实、善良，一心向佛，慈祥，胆小怕事；孙悟空坚持正义，疾恶如仇，勇敢好斗，勇往直前，机智灵活；猪八戒好吃懒做，贪财好色，贪生怕死，但又性格温和，憨厚单纯；沙和尚任劳任怨，忠心不二，心地善良，默默无闻。他们四

个人组建团队去西天取经。大家试想一下：如果他们的性格都一样，能力都一样，全部都是一类人，他们还能度过八十一难、取回真经、修成正果吗？

一个社会是由形形色色的人组成的，很难达成"一致"。一个公司是由不同性格、不同能力的员工组成的，很难达成"一致"。一个家庭里的夫妻是由两个完全不同的人组成的，也很难达成"一致"。这一切也都是正常的。

说到教育理念、教育方法，我认为我比我先生知道得多、懂得多，但我先生认为他知道的比我多、懂的比我多，他在外面能独当一面，教育孩子这点小事肯定没有问题。我有的时候会推荐书给他看或者告诉他正确的教育方法，但是他总会认为他的经验没有问题，还会不自觉地证明我推荐的书没有用、我的教育方法是错的，甚至在儿子偶尔犯错误的时候，他会怪罪是我的教育出现问题。结果引发了很多家庭矛盾。

我们的看法不同，都是站在各自的角度看问题。因此，我慢慢地不要求我先生一定与我一致了，我也不再说教、指责、纠正我先生的教育理念和方法，因为事实证明这样做效果真的不好，反而会使我们经常争吵，制造家庭矛盾。

尽管我和先生的教育理念、教育方法不同，但我们也要一起教育孩子，对吗？怎么规避不同呢？在教育孩子的时候，我不会当着我先生的面教育孩子，我会单独和孩子沟通，这样做保护了孩子的自尊心。但养育孩子、教育孩子也不能完全靠我自己，需要借力，需要我先生的参与和帮助，那么怎么办呢？写出先生的优势，让他做他擅长的事情。比如：我先生解决问题的能力很强，无论我儿子在幼儿园、小学还是中学碰到难处理的问题的时候，我都让孩子问爸爸如何处理。我先生人际交往能力很强，我就会让我先生教孩子如何与不同的人打交道。我先生认识的人多，我就经常让我先生带孩子参加各种聚会。我们每个人都不是完美的人，各有优势、各有弱势，在教育孩子这件事上我们也要善于发挥各自的优势。

教育孩子的方法看起来简单，但应用起来一点儿也不简单、不容易，知与用之间有着很大的距离，这距离需要一点一点地实践、反思、修正。一般情况下我都是自己练习使用教育方法，根据孩子的具体情况灵活运用、适当调整这些方法，而不会让我先生使用这些方法。慢慢地，他看我把孩子教育好了，他就不再随便插手我教育孩子的方式。在潜移默化中，他也慢慢改变自己的教育方式。所以说，先做好自己尤为重要，当我们自己做好了，家人是可以看到的。

教育孩子需要夫妻合作，更需要合理分工，但不一定要夫妻两人理念相同、方法相同才能教育好孩子。在家庭环境中，爸爸做自己擅长的事情，妈妈做自己擅长的事情，孩子在潜移默化中也会看到人与人的不同，懂得每个人都有自己的优势和弱势，学着发挥自己的优势。这对于孩子的成长来说是非常有益的。

序 3
家是孩子成长的摇篮

我国古籍中讲述了环境对孩子的影响作用,《列女传·邹孟轲母》记载"孟母三迁"。《孔子家语·六本》曰:"是以与善人居,如入芝兰之室,久而自芳也;与恶人居,如入鲍鱼之肆,久而自臭也。"《颜氏家训·慕贤》又说:"人在少年,神情未定,所与款,熏渍淘染,言笑举动,无心于学,潜移暗化,自然似之,何况操履艺能,较明易习者也。"主张在人"神情未定"、可塑性相当大的幼儿时期,对其施以良好的"熏渍淘染""潜移暗化",以使其自然而然地形成良好的个性和品德。

家是孩子成长的摇篮,良好的家庭环境对于孩子的成长非常重要,而这需要父母共同努力去营造,这也是父母共同的责任。家庭环境以一种潜移默化的力量影响着孩子。玛利亚·蒙台梭利曾经说:"教育对孩子的巨大的影响,是以环境作为工具,让孩子受到环境的浸染,从环境中获取一切,并将其化为己有。"父母要相信孩子在出生时就已经具备了成为"人"的潜能,孩子会主动地成长和发展自己，只要我们给孩子提供必需的营养和护理、良好的生活环境和生存条件，孩子一定会健康地成长。

在蒙台梭利教育理论的指导下，我给儿子提供了一个我认为的适合他成长的环境，当时我家房子的面积不是很大，但是它是干净的、整洁的、有秩序的、安全的、安静的、质朴的、温暖的、美观的。

我在一个房间的一侧玻璃窗台下放了一张小桌子、一把小椅子和一个小书架，小书架上放了一些适合孩子年龄段看的绘本和书籍，这样可以方便孩子拿取自己喜欢的绘本和书籍阅读。房间一侧放置了一个适合孩子睡觉的小床，方便孩子中午自己睡觉、自己起床。另一侧放置了一个小架子，上面放一些适合孩子年龄段玩的玩具和物品，

这样可以方便孩子拿取自己喜欢的玩具或物品。在小架子旁边放置了一个小衣柜，方便孩子选取自己的衣服。房间的中间放置了一块圆形素色地毯，方便孩子在上面玩玩具或者蹦蹦跳跳。房间里所有的家具都是符合孩子的高度的。我每天都会带着孩子把玩完的玩具或物品放到小架子上，摆放得整整齐齐，这样可以防止孩子为寻找物品而浪费时间和精力。在有序的环境里生活，孩子会感到很舒服、很安全。

我还在窗台上摆放了几盆五颜六色的小花点缀，每周我都会带着孩子给小花浇水，小花争奇斗艳，整个房间显得更温馨、更美观。墙上贴了两幅孩子画的稚嫩的涂鸦画，孩子看着通过自己的努力完成的作品很开心、很满足。看到自己的作品在家里展示出来也有助于孩子获得归属感。

除了创造这些适合孩子发展、成长的环境，我的家也是安静的，没有吵架声，没有孩子歇斯底里的哭喊声。我想安静的环境也是好的教育。

儿子在这样的环境中一天天长大，他开始安排自己的生活，照顾自己，维持环境的整洁，慢慢地他不再需要我的帮助。当孩子把自己和自己的小环境都照顾得很好的同时，他的身体动作和协调能力也得到了很好的发展。

随着年龄的增长,儿子更加积极主动了,越来越专注了,越来越自主了。他通过自主的生活,开始意识到自己的力量。我想这就是环境给予他的能量。

目 录

序1　妈妈不完美也可以教育好孩子

序2　父母教育理念不同，一样可以教育好孩子

序3　家是孩子成长的摇篮

第一章

独立篇　孩子是生活的主人　/001

第二章

自控篇　从小培养自控力　/019

第三章

处事篇　面对问题怎么办　/037

第四章

为人篇　与人为善　/053

第五章

兴趣篇　长大后我想干什么　/067

第六章

协作篇　从小培养协作精神　/087

第七章

接纳篇　只有接纳自己才能走得更远　/099

第八章

梦想篇　拥抱梦想，成为想成为的人　/117

第九章

时间篇　时间需要规划　/135

第十章

关于理想教育　/155

第十一章

温暖的地方——家　/169

后记　/175

第一章
独立篇
孩子是生活的主人

教育就是激发生命，充实生命，协助孩子们用自己的力量生存下去，并帮助他们发展这种精神。

——玛利亚·蒙台梭利

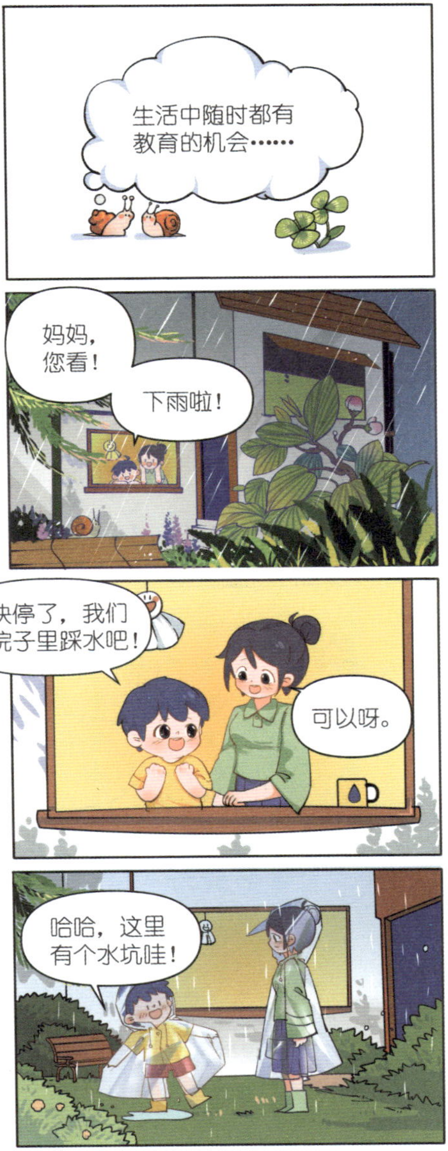
生活中随时都有
教育的机会……
妈妈，
您看！
下雨啦！
雨快停了，我们
去院子里踩水吧！
可以呀。
哈哈，这里
有个水坑哇！

妈妈，小蜗牛为什么背着一个硬硬的壳呢？
你想想看是为什么呢？
因为下雨时，小蜗牛就不会被雨淋到了。
有道理！
我觉得小蜗牛的身体没有骨骼，只能爬，要有个硬壳保护它。
但是妈妈，蚯蚓也没有骨骼只能爬，为什么它不背着硬壳呢？
你想想蚯蚓生活在哪里呢？
它是生活在土里吗？
是的，你再想想是谁在保护它呢？

是土地
保护了它。
是呀，因为
蚯蚓总钻到
土里，土壤
会保护它呀！
你说得真好！
小蜗牛挺可怜，
它只能靠自己，
背着硬壳生活。
你也要学着靠
自己，不能什么
都靠妈妈。
那我怎样
才能靠自己呢？
你想想看自己
现在会做什么了？

我会自己吃饭、会穿衣服、会刷牙。
会收拾书包、会叠被子、会刷碗……
会买冰棍、会看书、会写字！
Good!
是啊，这些小事都是你自己独立完成的。
现在你上小学一年级了，要靠自己把所学的文化课学好。
如果有不会的问题自己先想想，实在不会及时问老师、问同学。
哦～
除了学习，在学校和同学发生矛盾时，也要学会独立解决问题。这些都是锻炼自己的独立能力。
嗯嗯……

妈妈,我明白了!

我从小锻炼好各种能力,以后就可以靠自己独立生活了。

孩子是生活的主人

我一直是一个职场妈妈，没有因为有了孩子而放弃我的工作。我的时间也是有限的，那就让陪伴孩子的时间更有意义。在日常生活中，当我和孩子在一起的时候，我会抓住一些适当的机会教育孩子。例如：孩子1岁半左右，吃晚餐的时候，我会让孩子跟我一起坐在餐桌旁，先让他看我怎么吃饭，然后慢慢地教孩子学习吃饭。孩子2岁左右时，我先让孩子看我怎么给布娃娃穿衣服，然后慢慢地教孩子给自己穿衣服。孩子3岁多上幼儿园了，每天都会背一个小书包去幼儿园，我会教孩子自己背书包，并且教孩子怎样装好需要带的东西。晚上回到家里吃完晚餐，我会带着孩子一起收拾碗筷、一起刷碗。孩子开始做这些小事情的时候有点笨拙、有点慢，甚至做不好，没有关系，给孩子时间、给孩子锻炼的机会，让孩子反复做，并且对孩子每天的小小进步及时给予鼓励。做这些事有助于锻炼孩子的专注力，发展他们运用小肌肉进行运动的能力，同时也培养了孩子的独立性。孩子在做的过程中懂得了做事的顺序，同时也培养了自信心。

玛利亚·蒙台梭利曾说："一个孩子能够独立地完成某项工作，其自尊和自信就可以得到发展。通过发展孩子的日常生活技能，即照顾自己、照顾环境等，可以培养孩子的责任感。"对这句话我的感受特别深，我自己的独立性不是很强，我做事情的时候经常没有什么信心。因此在培养孩子的过程中，我特别注重培养孩子这方面的能力。

这些简单的日常生活练习除了能够帮助孩子学会如何更好地照顾自己，如何正当地使用日常生活工具，更重要的是通过这些练习，培养孩子在生活中承担责任、独立应付周围事物的能力，进而培养孩子的独立意识和自主精神，以及促进其专注力、意志力、理解力和秩序感的发展。

若孩子每天进步一点点，慢慢地孩子的自尊心也会增强，孩子在做这些小事的时候也获得了成就感和价值感。孩子一旦依赖妈妈，他们就难以朝着应该发展的方向成长，只会成为一个缺乏独立能力和独立精神的人，最终无法独自面对生活中的各种问题。

生活中，随时随地都有教育的机会。儿子在上小学一年级的时候，有一天下着瓢泼大雨，我们俩就在窗户旁入神地看着外面,院子被雨水洗得干干净净的,下着下着雨慢慢地停了。儿子兴奋地说:"妈妈,我们去院子里踩水玩吧。"于是我和儿子穿好雨鞋就急忙跑到院子里踩水玩。

　　踩着踩着,儿子发现地上有很多小蜗牛,便问我:"妈妈,小蜗牛为什么都背着一个硬硬的壳呢?"我说:"你想想看是为什么呢?"儿子歪着小脑袋想了一会儿说:"因为下雨的时候小蜗牛把脑袋缩进硬壳里就不会被雨淋到了。"我说:"你说得挺有道理的。但我觉得是因为小蜗牛的身体没有骨骼,只能爬,所以要有个硬壳保护它。"儿子不假思索地说:"蚯蚓也没有骨骼,也只能爬,为什么它不背着硬硬的壳走来走去呢?"我说:"你说呢?"儿子摇摇小脑袋说:"我不知道。"我说:"那你想想蚯蚓生活在哪里呢?"儿子说:"它是生活在土里吗?"我说:"是的,那你再想想谁保护它呢?"儿子恍然大悟地说:"是土地保护了它。"我说:"是呀,因为蚯蚓总钻到土里,土壤会保护它呀。"儿子说:"那小蜗牛挺可怜的,没有什么能保护它,它只能靠自己,背着硬壳生活。"我开心地说:"儿子,你说得真好!小蜗牛是靠背着自己的壳在大自然中独立生活的。你也要慢慢学着靠自己,长大以后独立地在这个世界上生活。不能什么都靠妈妈。"儿子有点沮丧地说:"那我怎么才能靠自己呢？"我说："你想想看，自己现在会做什么了？"儿子想了想说："我自己会吃饭、会穿衣服、会刷牙、会收拾书包、会叠被子、会刷碗、会买冰棍、会看书、会写字。"我说："是啊，这些小事都是你自己独立完成的。现在你也上小学一年级了，你要靠你自己把所学的文化课学好。上课认真听讲，下课认真完成作业，写完作业后认真预习第二天老师要讲的新知识。如果有不会的问题自己先想一想怎么做，如果实在不会要及时问老师、问同学。除了学习，在学校和同学发生矛盾时，也要学会独立解决问题。这些都是锻炼自己的独立能力呀。"

儿子叹了一口气说："妈妈，我明白了，我从小锻炼好各种能力后，以后就可以靠我自己独立生活了。但我不想那么快长大！！！"

《论语》说"子生三年，然后免于父母之怀"，说的是孩子至少在生命的头三年是依赖父母的。但是当孩子具备了自己行动的能力时，孩子就要尽快摆脱依赖的习惯，独立起来。自己的事情自己做，妈妈不替代。儿子在上小学一年级的时候，我就经常告诉他学习是自己的事情，要靠自己学习，对自己的学习行为负责。

有一次英语考试，儿子考得不太理想。我问他是什么原因没有考好。儿子说："题太难了！"当时我忽然发现，孩子开始找外因而不是找自己的原因。于是，我慢慢引导孩子说说哪些题做错了，是什么原因导致的，是没有背单词，还是考试前没有好好复习，还是考试的时候做完题没有好好检查，还是考试的时候太紧张……经过几次这样反复的沟通，儿子开始学会反思，找自身的原因。

如果孩子对考试成绩满意，有的孩子会从自己身上找原因，认为自己用功了，考试的时候认真做题、认真检查了；有的孩子却找外因，认为是运气好，题目简单。若没有考好，有的孩子认为自己用功不够，没有复习全面，有的孩子认为运气差，题目太难。不同的归因习惯直接关系到责任的确认和承担与否的问题。习惯于向外归因的孩子缺乏责任感。习惯于向内归因的孩子一般能对自己的行为负责。所以妈妈也要教会孩子反思，遇到问题多找内因，而不是找外因。

在培养孩子拥有独立品质的过程中，我遇到一个特别头疼的事，我儿子是天秤座，星象书上说这个星座的人优柔寡断，不易做决定，我比较信这些，于是我就有意识地培养他从小自己做选择的能力，但他还是有很长的一段时间不敢做选择，不敢下决定，甚至把水果摆在他面前的时候他都会问我："妈妈，我能吃水果吗？"为了让孩子敢于自己做选择、自己做决定，我就从生活中的点滴小事开始引导，做饭前我会问儿子是吃米饭还是吃面条，我让他做选择、做决定吃什么。带儿子去商场买衣服，我就在店门口坐着或站着，让孩子自己在商店里挑选，挑选好了孩子在试衣间试衣服的时候我再看看是否合适，如果不合适我再给出衣服大小的建议、搭配的建议，但最终也会让孩子自己做选择、做决定买哪一件衣服。在买书的时候，我会带孩子去书店，让孩子选择他自己喜欢的书。让孩子学会选择、学会做决定，我认为这一点特别重要，这是需要大量练习的。如果从小没有经历过自己做选择的训练，也许将来孩子在选择专业、选择职业、选择伴侣时都会比较困难，甚至不敢选择、不敢决定。

会选择，这个能力让孩子在以后的人生道路上会起到极大的积极作用。在以后的日子里，孩子无论面临怎样的境况，他们都能够凭自己的理智做出恰当的选择、恰当的决定。

从小培养孩子独立思考的能力也很重要。儿子小时候问我："妈妈，面粉和水混合在一起会怎样？"我会说："你可以自己试一试，把它们混在一起会怎样？"儿子问我："妈妈，绿色和红色混在一起会变成什么颜色？"我会说："你可以拿彩笔或水粉自己试一试。"无论遇到什么事，我都让孩子用自己的小脑袋想一想，自己动手做一做。

《论语》云"众恶之，必察焉；众好之，必察焉"，就是说绝不能人云亦云、随波逐流，不要因为众人的是非标准影响自己的判断，要经过自己的独立思考和理性判断，然后做出结论。如果想让孩子拥有这方面的能力，就要从小锻炼孩子独立思考的能力，所以我不会急着告诉孩子答案，而是引导孩子自己思考。如果孩子通过自己思考、尝试还没有得出结论，那我会带着孩子一起去查阅一些资料、一起去解决。慢慢地当孩子遇到问题的时候、遇到难题的时候他也会主动寻找资源、利用资源去解决。

独立人格的形成是一个非常复杂的过程，这需要一个民主的家庭氛围。在家庭中，孩子需要被平等对待，孩子需要被尊重，孩子需要被信任，但同时家长又要给予孩子积极、正确的引导。我会鼓励孩子自己思考、自己抉择，并及时给予孩子积极的反馈，让孩子在实践后体验到独立做事情所带来的快乐。

当然，有时候孩子也会犯错误，此时我不会一味地指责，更不会当众批评孩子，因为我深知当众批评孩子会毁掉孩子的自尊心。孩子犯错误了帮助孩子找到原因，让孩子明白什么是对的，什么是错的，这是更重要的学习过程。同时还要让孩子知道犯错误是正常的，"人非圣贤，孰能无过"，人没有不犯错误的，人的成长本身就是一个不断犯错误的过程。犯错误没有关系，教育孩子勇敢地承担起责任更重要，教会孩子如何改正，以后如何避免此类事件的发生。如果孩子对自己有信心，就可以接受错误，不会影响孩子对自我价值的评估。

言传身教对孩子的影响也非常大，我自己的独立性不是很强，但在陪伴孩子成长的过程中我不断学习，不断努力，不断弥补自己的不足，让自己越来越独立。比如我一直坚持工作，让自己成为一个经济独立的人。当遇到问题的时候，尽量自己解决。在培养自我独立性方面，我给孩子做了榜样，在这个过程中孩子看得很直观、具体，再加上孩子自己实践的经验，更容易让孩子理解、内化独立的品质。

教育孩子最重要的目标之一就是培养孩子的独立能力，当他们长大离开我们的时候可以独当一面。

孩子是自己生活的主人，越早培养孩子的独立性，效果越明显。一旦孩子养成依赖他人的习惯，再改正就要花费很多的时间和精力。

分享

1. 自己的事情自己做,妈妈不替代。

2. 让孩子学会选择,学会做决定,这一点特别重要,是需要大量练习的。

3. 从小锻炼孩子独立思考的能力,妈妈不要急着告诉孩子答案。

4. 鼓励孩子自己思考和做事情,并及时给予孩子积极的反馈。

5. 妈妈要给孩子做榜样,让孩子直观地看到。

孩子的收获

人总是倾向于安逸地待在自己的舒适圈，妈妈在我生命的一开始就为我提供了舒适的环境，这让我健康、安全地长大，也给我提供了无限的吸引力，但是打破这一局面对于我未来的发展又至关重要。

妈妈十分注重培养我的独立性，从小学起她从来没有插手我的学习，总是告诉我："学习是你自己的事情，你要靠自己学习，对自己的学习负责。"我妈妈说到做到，她没有给我辅导过一天作业，也没有给我检查过一次作业。于是我很早就在学习方面注重培养自主性。长大后，参与各种活动、参与评奖的机会变多了，妈妈依旧没有干预，只是建议我："这些事情你要自己把握，三思而后行，如果实在不知道如何选择再问妈妈的意见。"

尽管我在这过程中时常纠结、犹豫不定，但是妈妈并没有心急，她给我时间，不断地引导我自己思考、自己做选择、自己做决定。渐渐地，我从优柔寡断变得更加果断，做出的决策越来越恰当,我相信我在这过程中得到的收获会帮助我未来在社会上更好地独立生活。

——陈正堃

第二章
自控篇
从小培养自控力

父母要给予孩子无条件的爱,但这并不意味着没有限制,让孩子为所欲为。缺乏自控力、自律意识不仅会造成生活、学习的混乱,甚至可能会导致一个人一生不幸福。

——刘彦辰

妈妈，您看！
这辆自行车我太喜欢啦，您给我买一辆吧？
咱们家不是已经有一辆自行车了吗？
可是妈妈，那辆自行车我已经骑了很久了，我想换一辆新的。
不行，等你的自行车坏了再买新的。
可是那辆自行车已经很小了，我个子长高了骑起来腿都伸不直，特别不舒服……
妈妈，买一辆给我吧！

妈妈？
我好想要啊……
别看了，快点走吧。
妈妈，求求您给我买一辆吧！
我真的真的真的特别喜欢那辆自行车，我的自行车太小了。
而且我想买一辆可以变速的自行车。
妈妈……

妈妈……咱们小区的小朋友骑的都是变速自行车，而我做梦都想拥有一辆跟其他小朋友一样的自行车……
我每次和他们一起骑车的时候，我都被甩在后面了，我的车骑起来太慢了。
不行！你骑这么快干什么？多危险啊。
妈妈，变速自行车是可以调节速度的，可快可慢！
而且我一定不会把速度调得太快。
妈妈，求求您了，就答应我吧！可以当作生日礼物送给我。
这样我过生日的时候您就不用给我买生日蛋糕，也不用给我买玩具了。

呼……等我回家看看你的自行车是否真的小了再说吧。

妈妈,求求您就给我买吧。妈妈,求求您了……

我以后什么玩具都不要了!!

再也不惹您生气了!

我保证!!

儿子就这样三番五次，五次三番地说服我给他买，说得我非常不耐烦，束手无策，最后只好答应他，给他买了。

从小培养自控力

我儿子小时候最大的特点就是看见什么就想买什么，而且还有一张能说会道的小嘴巴，他会用各种各样的语言轻而易举地说服我，得到他想得到的东西。

记得有一次我们去商场，他看上了一辆自行车。于是他就对我说："妈妈，我很喜欢这辆自行车，您给我买吧。"我说："咱们家不是有自行车吗？"儿子说："那辆自行车已经骑了很多年了，我想换一辆新的。"我说："不行，等你的自行车坏了再买新的。"儿子又说："那辆自行车已经小了，我长高了，骑起来腿伸不直，特别不舒服。"我一下子不知道怎么回答，于是就继续往前走，走着走着，儿子站在我面前张开手臂拦住我，说："妈妈，求求您给我买一辆新的自行车吧。我真的特别喜欢。我的那辆自行车真的已经小了，而且骑上去显得太幼稚，我想买一辆变速自行车。"

我扯开儿子的手臂继续往前走,一边走一边严肃地说:"让我考虑一下。"儿子又苦苦哀求说:"妈妈,您就给我买一辆吧,咱们小区的小朋友骑的都是变速自行车,我做梦都想拥有一辆和小朋友一样的自行车。每次跟他们一起骑自行车时我都被甩在后面,我的车骑起来太慢了。"我瞪着眼睛冲着儿子说:"不行!你想骑那么快干什么?多危险啊!"儿子可怜兮兮地说:"变速自行车可以调速度,可以快也可以慢,我不会把速度调得太快的。妈妈,求求您就给我买一辆吧!作为生日礼物送给我,我过生日的时候您就不用给我买生日蛋糕了,也不用给我买玩具了。"

我半信半疑,略有些愤怒地说:"我回家看看你的自行车是否真的小了再说!"儿子这时又伸开双臂,紧紧抱住我的腰,干脆拦住我不让我走了,眼泪汪汪地说:"妈妈,求求您就给我买吧!妈妈,求求您就给我买吧!以后我什么玩具都不要了,我保证,我再也不惹您生气了。"儿子就三番五次、五次三番地说服我给他买。说得我真是哑口无言,束手无策,最后只好答应他,给他买了一辆变速自行车。

晚上到家后,我静静地想了想,孩子总是看到喜欢的东西就想买,看到喜欢吃的东西就想吃,这样可不行,时间长了无法控制自己的欲望就糟糕了。当然我也有责任，我也有爱买东西的坏习惯，孩子的行为与我也有关系，于是从那一刻起我自己下定决心改掉看到什么就买什么的坏习惯。孩子不会天生就懂得自我控制和规则，我想要事先给孩子订立适当的规则，订立规则时我尊重孩子的想法，与孩子一起讨论协商。我想我和孩子一起参与协商订立出来的规则，孩子会认可，也会遵守。在家庭教育中，我还要把握好自由和规则，不能无原则地给孩子"自由"。玛利亚·蒙台梭利曾说："建立在规则之上的自由，才是真正的自由。当孩子还没有发展起控制能力的时候，让孩子想干什么就干什么是与自由观念相违背的。"

　　培养孩子的自控力，很重要的一点就是设立规则，让孩子的行为有一定的限制，但限制不等于强制。限制的意思是在规定的范围内，不许超过限度，局限在范围内。而强制的意思是以某种无形或者有形的力量强行约束人，通常这种行为是被迫执行的、不情愿的、非自然化的。因此，我会要求我自己给孩子设定一定的限制，但不会强制。

　　儿子最喜欢买玩具，于是我和儿子一起制定了一个小规则，一年只能买6次玩具，每次只能买1~2个。元旦、春节、五一劳动节、六一儿童节、国庆节、圣诞节各买一次。慢慢地，每当我们去商店时，儿子看到自己喜欢的玩具的时候,他会看了又看,摸了又摸,看看我,再看看玩具,但最终会控制住想得到的欲望。他会跟我商量:"妈妈,我特别喜欢那个乐高玩具,但等到过节的时候您再给我买,可以吗?"我也都会答应孩子,因为我看到孩子学会了遵守规则。

20世纪60年代,美国心理学家瓦特·米伽尔给一些4岁左右的孩子做了一个"糖果实验"。每个孩子都可以得到非常好吃的软糖:如果马上吃,只能吃一颗;如果等20分钟后再吃,则能吃两颗。有些孩子非常着急,马上就把软糖吃掉了。另一些孩子们却愿意等待对他们来说是遥遥无期的20分钟,为了使自己耐住性子,他们闭上眼睛不看软糖,或头枕双臂,或自言自语,有的甚至睡着了,20分钟到了,这些孩子们吃到了两颗软糖。

实验没有结束,这些孩子们中学毕业时又接受了一次评估,结果表明4岁左右时能够耐心等待的孩子们在校的各种表现更佳。根据家长的反馈,这些孩子们的学习能力较好,专注,制定并实践计划等方面都比较好。这些孩子们社会适应力较强,较为自信,也能勇于面对挫折等。在压力面前,他们不易崩溃、退缩,能够积极迎接挑战,不轻言放弃等。在追求目标时,他们也能和小时候一样压抑想要立即得到满足的冲动,持续发力。

那些立即将软糖吃了的孩子们长大以后表现出一些负面的特征。

孩子的自控力，在一定程度上影响着他未来的人生。但帮助孩子拥有自控力需要妈妈刻意培养。

儿子上小学一年级后，我也开始使用"糖果实验"这个小方法，培养儿子的延迟满足的能力。例如，我买了一块蛋糕，会跟儿子说等爸爸晚上回来一起吃。周末儿子想吃比萨，我会跟他商量，这周我们在家吃家常菜，下周末再到外面吃比萨。买了水果，我会跟他说每天吃一个。买了巧克力，我会跟他说一天吃一块。慢慢地他可以等待了。无论我给他买了什么好吃的时候，他都会留着慢慢吃，而不是一次性吃完、一口气吃完。当然使用延迟满足的时候也要考虑孩子的年龄和具体事情，要灵活应用，不能一概而论，不能伤害到孩子。比如：18:00是吃晚饭的时间，孩子说肚子饿了想吃饭，这时候我们不能实施延迟满足，应该按时吃晚饭。如果实施了延迟满足也许会影响孩子的身体健康。

帮助孩子拥有自控力的品质需要从生活中的小事做起。生活中的点点滴滴小事也会迁移到学习上，儿子上小学后，每次我带着他参加聚会的时候，他都会在空闲时间写作业或看书，无论环境多么吵闹，无论别人如何玩耍，他都能控制住自己不受干扰，做自己应该做的事。

还有一点对于培养孩子的自控力特别重要，就是妈妈要学会控制自己的情绪。如果妈妈是一个心平气和的人，能够很好地管理好自己的情绪，孩子在潜移默化中也能受到影响，随着年龄的增长，孩子也会平衡自己的情绪或应对自己的不良情绪，成为一个能驾驭情绪的高手。

我几乎没有打骂、怒斥过我儿子，但这并不意味着我对儿子没有要求。每当我要求儿子做什么事情的时候，我都会心平气和地和他沟通，他也愿意按照我的要求去做。当儿子犯了错误的时候，我依然能控制自己的情绪，心平气和、理性地与儿子交流，帮助他找出问题，纠正错误，慢慢地孩子也能理解情绪是可以控制的。自我情绪控制的能力是一个人必备的基本素质，也是一个孩子走向成熟的标志之一。大家试想，如果妈妈一说话就急躁，甚至说不了几句就指责孩子，孩子是不是更容易急躁呢？妈妈一说话就大发脾气、情绪激动呵斥孩子，孩子是不是更容易反抗、更容易拒绝呢？妈妈学会自控，孩子才有可能学会自控。

经过多年的刻意培养，我发现儿子的自控力比我还好，在他上初三的时候，他自觉地把手机里的游戏全部卸载了。寒暑假每天设闹钟，自己起床，从不需要我叫。每天按时写作业，按时锻炼身体。有一次我问他，他的自控力怎么这么好，他毫不犹豫地告诉我说："我已经养成了自控的习惯，而且当一个人拥有梦想的时候就会有自控力！"他还告诉我，高尔基曾经说过：哪怕是对自己的一点点小小的克制，也会使人变得刚强有力！

所以，我认为引导孩子找到他们真正感兴趣的事情，孩子就不会把时间浪费在吃喝玩乐上，他会规划自己的时间，控制自己的行为，因为孩子自己非常清楚只有这样做才会离自己的梦想越来越近。鼓励孩子找到自己真正感兴趣的事情、拥有自己的梦想，孩子将自带自控力！

孩子是家庭中的一员，也是社会中的一员，社会的大环境不会以孩子为中心，所以孩子需要具备自控力。自控力不是天赋，它是可以靠后天慢慢培养起来的，但开始是有些困难的，需要时间，不能完全靠孩子自己自控，需要妈妈的帮助。因此教会儿子学会控制、学会忍耐，是我的责任。

一个孩子，有决心战胜自己是一件非常不容易的事，而能够战胜自己就是对自己控制的成功。所以妈妈要有耐心，从小事做起，慢慢来……

分享

1. 培养孩子的自控力，很重要的一点就是设立规则，让孩子的行为有一定的限制。但限制不等于强制。

2. 花时间，慢慢培养孩子的延迟满足的能力，但要灵活应用，不能一概而论。

3. 妈妈做一个心平气和的人，管理好自己的情绪。

4. 引导孩子找到自己真正感兴趣的事情，鼓励孩子拥有自己的梦想，孩子将自带自控力。

孩子的收获

小时候我总是不理解为什么妈妈总是不立刻答应给我买我想要的玩具，早买晚买不都一样吗？为什么总是要等到过节呢？但等我慢慢长大，我才意识到妈妈是通过买玩具这件事培养我的延迟满足能力和自控的能力。我想这是一种品质，它可以让一个人从平凡走向不凡。

在生活和学习中，不是所有事情想达成就能即刻达成的，比如提高学习成绩需要很长时间的积累，若一个人没有延迟满足的能力，就会因为周期太长而选择放弃。相反，若有延迟满足的能力，就可以将提高学习成绩这件事按学科分成几个小部分，分时间段、一个一个地达成，就像分期买玩具一样。

再说自控力，随着社会的发展，娱乐方式多种多样，越来越多充满诱惑的事物进入了我们的生活。若没有自控能力，一个人很有可能陷入诱惑的深渊，陷入欲望的深渊，进而失去目标，在原地苦苦打转，而拥有自控能力则可以让一个人抵制诱惑，坚定信念，充满目标与希望地奔向自己的目的地。做任何事情要想取得成功，都需要日复一日的努力和自控。我认清了这一点，因此在初三的时候专心学习，逼着自己控制玩乐的时间，强迫自己只做与学习有关的事情，最开始也挺煎熬，但慢慢地就变成了一种习惯，最终我也考上了自己理想的高中。

这样一看，在我小时候，妈妈定量、定期给我买玩具、吃好吃的这样看似不起眼、无足轻重的举动，对我未来的发展却产生了深远的影响。我相信，能够抵制诱惑，不为眼前的利益而放弃长远的目标，当取得成功后会更加感受到真正的幸福和快乐。我相信，能够控制自己，才能掌控自己的生活，心无旁骛地向着自己的目标前进。

——陈正堃

第三章
处事篇
面对问题怎么办

人不仅创造财富,还要为人处事,而且在为真、善、美的服务之中看到自己的创造能力的意义。需要教人们学习的正是这些东西。

——苏霍姆林斯基

儿子在上幼儿园大班的时候,一天老师对我说儿子和班里的小朋友抢书。

老师告诉我,你和同学抢书了,你能说说是怎么回事吗?

我想看书,恐龙书是我的,子涵不肯把书还给我,我就把书抢了回来。

你当时为什么一定要抢呢?

因为子涵看了很长时间,他不肯还给我!

你那样抢书，你觉得子涵有什么感受呢？
他很生气，还哭了。
你抢恐龙书的时候，子涵除了哭还做了什么？
子涵还打我了。
那你有什么感受呢？
我也很生气，想把他打扁！
你很生气，子涵也很生气，并且子涵又打了你。
你能想出一个你们都不生气，而且子涵也不打你，并且也能把恐龙书拿回来的方法吗？
我不知道……

你可以听听我的想法吗？
可以，快说吧！
我认为你可以好好跟子涵说，让他把恐龙书还给你。
你再自己想想还有其他办法吗？
我可以给他看一本其他书，让他把我的恐龙书还给我。
是呀！还有其他办法吗？
没有了。
还有一个办法是……你可以和子涵一起看恐龙书呀！

好吧……

我们一共想出了三个办法，以后再碰到类似问题的时候……

可以试试这三个办法吗？

孩子在成长的过程中，一定会和同伴发生矛盾，这是正常的，没有关系。

关键是孩子遇到这些问题的时候，父母应该积极地引导孩子如何去解决问题。

而不是指责、谩骂或者直接把自己的想法告诉孩子。

面对问题怎么办

儿子在上幼儿园大班的时候,一天老师对我说儿子和班里的小朋友抢书。

晚上我问儿子:"老师告诉我你和其他小朋友抢书了,你能跟妈妈说说是怎么回事吗?"儿子的脸涨得通红,他生气地说:"我想看书,恐龙书是我的,子涵不肯把书还给我,我就把书抢了回来!"

我说:"你当时为什么一定要抢呢?"儿子气急败坏地大声喊:"因为子涵看了很长时间,他不肯还给我!"我深呼了一口气,尽量让自己平静,然后说:"你那样抢书,你觉得子涵有什么感受呢?"儿子噘着嘴嘟嘟囔囔地说:"他很生气,还哭了。"我说:"你抢恐龙书的时候,子涵除了哭了,还做什么了?"儿子说:"子涵他还打我了。"我说:"那你有什么感受呢?"儿子说:"我也很生气,想把他打扁。"我说:"你很生气,子涵也很生气，并且子涵又打了你。你能想一个你们俩都不生气，而且子涵也不打你，并且也能拿回恐龙书的方法吗？"儿子瞪着亮晶晶的大眼睛想了想，说："我不知道。"

我说："你可以听听我的想法吗？"儿子不耐烦地说："可以，快说吧！"我说："你可以好好跟子涵说，让他将你的恐龙书还给你。你再自己想想还有其他方法吗？"儿子歪着小脑袋想了好一会儿，说："我可以给他看一本其他的书，让他把我的恐龙书还给我。"我说："是呀。还有其他方法吗？"儿子说："没有了。"我说："还有一个办法是，你可以跟子涵一起看恐龙书啊。"儿子看看我，然后低着头一边翻着恐龙书一边说："好吧。"这时我蹲在儿子的面前对他说："我们一共想出了三个办法，以后再碰到类似的问题的时候，可以试试这三个方法，可以吗？"儿子似懂非懂地点了点头。

孩子在成长的过程中一定会和同伴发生矛盾，发生小摩擦，这是正常的，没有关系。关键是当孩子遇到这些问题的时候，妈妈应该积极地引导孩子如何去解决问题，而不是惩罚、指责、谩骂或者是直接将自己的想法告诉孩子。

启发性引导的方式可以帮助孩子探讨他们的做法会带来怎样的后果。让孩子参与进来，引导孩子动脑筋思考，自己把事情想清楚或妈妈引导孩子一起思考如何解决。要想帮助孩子解决问题，关键是要停止直接告诉孩子怎么处理问题。

儿子上幼儿园大班以后，在需要解决问题的时候，我就慢慢放弃"直接告诉答案"，改为"启发性引导"。我想孩子会在思考和积极参与的过程中得到锻炼。当我们告诉孩子该做什么，而不是启发性引导时，就会阻碍孩子同理心、思考能力、判断能力、推断能力和承担责任的能力的养成。

有耐心地倾听、带有启发性的引导会带来合作，孩子更愿意和妈妈一起讨论问题，更愿意和妈妈一起探讨如何面对问题、解决问题。

如果妈妈只会长篇大论地说教，"灌输"道理，大多数时候孩子也会充耳不闻，培养孩子独立思考问题、解决问题的机会也会丧失。

在日常生活中，我会教孩子识别表达感受的词汇，比如伤心、沮丧、开心等。有的妈妈可能说，我家孩子不会啊。也许是妈妈从来没有教过孩子，也许是妈妈从小就忽略了孩子的感受。比如，孩子哭的时候，有的妈妈可能会说"别哭了"，有的妈妈会说"有什么好哭的"，慢慢地孩子就不会认识到人有各种各样的情绪。情绪是早于认知的，0~12个月大的婴儿的情绪感知能力非常强，随着年龄的增长，再加上人为的不恰当干预，这一能力会慢慢减弱，所以帮助孩子识别情绪的基础是提高我们自己对于情绪的了解和觉察能力。首先妈妈自己要知道一些描述情绪的词汇，并会使用它们，如烦闷、后悔、生气、懊恼等。我在家里贴上一些带有情绪表情的图片，教孩子看表情识别情绪。

恐惧　愤怒　嫉妒

快乐　大哭　喜悦

高兴　痛苦　厌恶

当孩子和其他小朋友发生冲突的时候，教育孩子理解他人的感受很重要。理解他人的感受是帮助孩子在解决日常问题时养成考虑他人的感受的习惯。在现实生活中，我们有时会看到有的孩子存在打人、抢东西、推人等不恰当的行为，之所以会出现这种情况，原因之一是孩子不能思考自己的行为会带给其他人什么样的感受。如果孩子从小没有学会考虑他人的感受，这种思维习惯可能会一直延续到成年。比如，在工作中有些人从不考虑其他同事的感受，在家庭生活中也是一样，从不考虑家庭成员的感受，由着自己的性子做事情。理解他人的感受这项技能会让孩子在处理问题时有更多的选择。

那么如何做呢？在生活中教孩子观察他人的感受，比如观察爸爸、妈妈、爷爷、奶奶、姥爷、姥姥或是家里的保姆。通过观察，和孩子一起说说他人的感受，但注意不要评判他人的感受。有时我也会利用绘本，在讲绘本的过程中问问孩子某个人物的感受是怎样的，再问问孩子是怎么知道这些感受的，还可以直接问问孩子故事中的人物为什么会伤心、为什么会开心。

在儿子参加跑步比赛后，我会问他："今天谁跑步得了第一名？"儿子说："丁丁跑步最快，他获得了第一名。"我说："丁丁得了第一名，他有什么感受呢？"儿子说："丁丁可开心了。"我又问："那其他同学有什么感受呢？"儿子说："有的同学取得了好的名次就很开心、很高兴，有的同学没有发挥好就很伤心、很难过，甚至有的同学还会哭。"经过这样刻意的练习，孩子慢慢地会理解别人的感受。

有的时候，我也会跟儿子说说我自己的感受。比如，晚上下班回家我会跟孩子说说我的工作，我在开会时说了不应该说的话，我很后悔，第二天上班我还要再跟同事解释一下。慢慢地，孩子也理解妈妈有的时候也会后悔，有的时候也会不开心，有这些情绪是正常的。情绪没有好坏之分。

在孩子小的时候，我会用孩子能理解的方式介绍一些对于他来说难以理解的表达感受的词汇。比如，沮丧就是灰心、失望、伤心、灰心丧气；考试没有考好，自己可能十分伤心，这时候也可以使用"沮丧"。当自己沮丧的时候，心情不会太好，就像黑压压的天空是灰暗的，很沉重，自己的心里是空洞洞的，不想和家人、朋友待在一起，不想说话，只想自己待着。

仅仅教会孩子理解自己的感受、理解他人的感受、会处理问题还不够，还要教孩子学会考虑后果。

学会思考事情发生的先后顺序的习惯也很重要。因为思考的目的是要想如果采用了某个办法后，接下来可能会发生什么。只有当孩子知道事情是按照某种顺序发生的时候，孩子才明白后果的意义。所以，要教孩子学会描述一件事情发生的顺序。

有一次我问儿子："如果你在墙上写字，咱们家的墙会怎样呢？"儿子犹豫了一下，说："墙可能是乱七八糟、五颜六色的吧？"我说："是的。还有吗？"儿子歪着小脑袋，手托着下巴颏儿想了一会儿说："如果把字写在墙上，可能很难擦干净。"我说："还有吗？"儿子紧接着说："如果我在墙上写字，您可能会很生气的。"我说："那你能想出一个既不弄脏墙壁又可以写字的办法吗？"儿子想了很长时间说："在墙上贴一张纸，可以直接写在纸上。"我说："是呀！如果你想写字就在纸上写。妈妈给你准备了彩纸。"

我用这样的方式训练、引导孩子思考事情发生的先后顺序。有时我也会鼓励孩子思考：如果我选择这个办法，接下来可能会发生什么？比如，如果外面下雨，不带伞会发生什么？如果外面下雪，穿短袖T恤出去会发生什么？如果早上不吃早饭，上午上课的时候会发生什么？会发生的事情就是后果。培养这种思维方式能帮助孩子更有效地处理问题。

当面对问题的时候，我会引导儿子站在他人的角度思考问题，学着理解他人的感受，并思考如何恰当地解决问题。

分享

1. 用启发性引导的方式帮助孩子探讨他们的选择会带来什么后果。让孩子参与进来,自己思考,自己把事情想清楚。

2. 要想帮助孩子探讨问题,妈妈要停止直接告诉孩子答案,并且学习用启发性引导。

3. 在日常生活中,教会孩子识别表达感受的词汇。

4. 当孩子和其他小朋友发生冲突的时候,引导孩子理解他人的感受。

5. 仅仅教会孩子会处理问题还不够,还要教孩子学会考虑后果。

孩子的收获

正确地解决问题、正确地为人处事是一项非常重要的能力，我认为需要从小培养这项能力。小时候每当我和小朋友发生冲突的时候，妈妈从来不会上来就是一顿劈头盖脸地说教、批评、指责或者是谩骂，而是耐心地引导我自己想办法，通过改变自己的行为解决问题。这样一来，当我面对冲突或错误的时候，我内心的害怕、担忧与忐忑就减少了许多，同时也渐渐地培养出了同理心和独立思考、理性思考、解决问题的能力。

在成长的道路上，我明白了，这个世界不会永远围绕着一个人运转，每个人都是这个世界的一部分，人和人不同。面对同一件事情，不同的人有不同的情绪感受；面对同一件事情，不同的人有不同的想法；面对同一件事情，不同的人有不同的处理方式。

因此，理解他人，学会友好、尊重、理性地解决问题，能够让我们更好地与他人建立和谐的关系，让我们在生活中找到自己的位置，进而让我们的生活少一份矛盾与冲突，多一分和谐与友善。

——陈正堃

第四章
为人篇
与人为善

> 只有心地善良的人才能易于接受道德的熏陶。谁要是没有受到过善良的教育,没有感受过与人为善的那种欢乐,谁就感觉不到自己是真实而美好的事物的坚强勇敢的卫士,他就不可能成为集体的志同道合者。
>
> ——苏霍姆林斯基

我和儿子一起坐公交车，后来上来一位老奶奶。
起来，让老奶奶坐吧，你站一会儿。
嗯……
注意安
谢谢你啊小朋友。
呼……站得我腿都麻了！妈妈，您为什么让我让座呀？
老奶奶年纪大了，车开得摇晃，她站不稳摔着怎么办？

那为什么车上其他大人不让座，让我一个小孩子让座呢？
别人需要帮助，我们应该帮。而且我们曾经也读过很多助人为乐的小故事……
现在不正是实践的好机会吗？
但是我们帮别人的时候也要把握原则，分清是非、善恶，不能无原则地给予帮助。
什么是无原则的帮助？
你还记得东郭先生的故事吗？
不记得了。

有一天东郭先生骑着一头毛驴进城,突然一只狼跑过来祈求东郭先生让它藏在他的大袋子里,以逃过猎人的追捕。

东郭先生知道狼是害人的,但还是善良地让它藏进了大袋子里……

当猎人走后,狼从大袋子里一跃而起,冲东郭先生号叫道:

"先生既然做好事救了我的命,现在我饿极了,您就再做一次好事,让我吃掉您吧!"

你明白其中的道理吗?

狼真够坏的,东郭先生救了它,它反而要吃掉东郭先生。

是呀！帮助人要把握原则，像狼这样的就不能帮，无论它说得多么可怜也不能帮！
如果有同学让你帮忙欺负其他同学，你能帮吗？
不能帮！
对了，我们要与人为善，乐于助人，但做事要分清善、恶，不能无原则地帮助人。
老奶奶年纪大了，在车上我们应该帮助她，给她让座。
有同学摔倒的话，就上去扶他起来。
随着儿子年龄的增长，我也会告诉他，我们在帮助别人的时候，也不必想着要有回报。
在与人交往的过程中，我们要学会宽容。
在与人交往的过程中，我们也要懂得知恩图报。

孩子如果有与人为善的行为，妈妈要赞扬孩子做得好！

与人为善

"与人为善"出自《孟子·公孙丑上》:"取诸人以为善,是与人为善者也。故君子莫大乎与人为善。"君子最高的德行就是行善事,以善意的态度对待他人,为他人着想,乐于助人。妈妈要培养孩子与人为善的好习惯。

有一次我和儿子一起坐公交车,刚走了两站,上来一位白发苍苍的老奶奶,老人在车厢里站着,站了一会儿周围也没有人给老人让座,于是我对儿子说:"起来,让老奶奶坐吧,你站一会儿。"我记得清清楚楚,当时儿子刚7岁,他东看看、西看看,非常不情愿地磨磨蹭蹭地站了起来倚在我身旁。坐了几站我们下车了,儿子满脸埋怨的样子问我:"妈妈,为什么您让我让座?别人都比我大,他们怎么不让座呢?"我说:"老奶奶年纪大了,车开得摇摇晃晃,她站不稳摔着怎么办呢?"儿子气愤地说:"为什么别的大人不让座,偏偏让我一个小孩让座呢?"

当时我只能耐心地对儿子说:"别人需要帮助的时候,我们应该帮一下。我们也读过很多助人为乐的小故事,现在不正是实践的好机会吗?"过了一会儿,我仔细斟酌了一下,我觉得自己说的不够全面,又提醒儿子说:"但是我们帮助别人也要把握原则,要分清是非、善恶,不能无原则地给予帮助。"儿子仰着头,睁大眼睛问:"什么是无原则地给予帮助?"我说:"你还记得东郭先生的故事吗?"儿子立马就说:"不记得了,您再给我讲一遍吧。"于是我又给儿子讲了一遍东郭先生的故事:

有一天东郭先生骑着一头毛驴进城,驴背上还驮着一个装书的大袋子,他正在山路上走着,突然,一只狼跑过来向他恳求说:"求求您救救我吧!我正被一位猎人追赶。求您把我藏在您的大袋子里,将来我一定会报答您的。"东郭先生知道狼是害人的,但想了想还是让它藏进了大袋子里。

不一会儿,猎人追了上来,没见着狼,就问东郭先生:"您看见一只狼没有,它往哪里跑了?"东郭先生说:"我没有看见,狼也许从别的小路跑了。"猎人相信了东郭先生的话,朝别的方向追去了。狼在袋子里听到猎人的骑马声远去之后,就央求东郭先生说:"求求先生,把我放出去吧。"仁慈的东郭先生把狼放了出来。不料,狼却号叫着对东郭先生说:"先生既然做好事救了我的命,现在我饿极了,您就再做一次好事,让我吃掉您吧。"

故事讲完了,我问儿子:"你能明白其中的道理吗?"儿子摸摸自己的小脑袋想了想说:"狼真够坏的,东郭先生救了它,它反而还要吃东郭先生。"我说:"是呀!我们帮助别人也要把握原则,像狼这样的就不能帮,无论它说得多么可怜也不能帮啊!如果有同学让你帮忙欺负其他同学,你能帮吗?"儿子果断地说:"不能帮!"我欣慰地说:"对了,我们要与人为善,乐于助人,但做具体的事情的时候也要分清什么是善、什么是恶,不能无原则地帮助别人。老奶奶年纪大了,在车上我们应该帮助她,给她让座。同学在操场上运动,如果不小心摔倒了,我们应该扶同学一把,如果同学摔倒后,腿磕破了,我们还可以陪他去学校的医务室让大夫看看、上点药。"儿子听我讲完这些,似乎也明白了很多,也不再埋怨我让他给老奶奶让座的事了。

儿子再大一点时,我也会告诉他,我们在帮助别人的时候,也不必想着要有回报。"舍己毋疑,施恩勿报",就是说既然要做出牺牲,就不要计较得失;既然要帮助别人,就不要想着一定要得到回报。

在与人交往中,我教孩子要学会宽容。宽容就是在平时说话做事时要考虑别人的感受，为他人留有余地，不要太计较他人的过错，因为每个人都会犯错误，所以不要刻意苛责别人的过错。但是宽容不是一味地容忍，也要讲究原则，否则就成了"老好人"。

在与人交往的过程中，我教育孩子要懂得知恩图报。古人云"受人滴水之恩，当涌泉相报"。我们帮助别人的时候不要总想着让别人回报，但是受了别人的恩惠，一定要知恩必报。比如：上学的时候老师对你很好，给予了你很多帮助，你要记住老师的恩情；同学对你很好，给予了你很多帮助，你要记住同学的恩情；爸爸妈妈把你养大，要记住父母的养育之恩，等等。别人有恩于自己一定要牢记在心。不要把别人的好视为理所当然，要懂得感恩。

孩子在成长的过程中，如果有与人为善的行为，帮助了别人，我会及时鼓励孩子，赞扬孩子做得好！

最后，我想我还要以身作则。教孩子正确的做事方式，最有效的方法就是以身作则，身教胜于言教。比如，赡养老人、与家人友好相处，如果朋友需要帮忙，在自己能力范围之内提供一些帮助。这些行为孩子都会看到，也会学习到。其实每一个孩子的天性都是向善的，在家庭教育的过程中，如果得到正确的引导，孩子都会往好的方向发展。在生活中我们也常常看到这样的现象：如果妈妈爱骂人，孩子也爱骂人，妈妈爱说别人坏话，孩子也爱说别人坏话。孩子之所以往不好的方向发展，大多是家庭教育不良的结果。我也时常告诉孩子，学习可以让我们获得知识，但与人为善可以让我们拥有更多的朋友、拥有更多的机会。培养孩子与人为善，为他人行善举，也是为社会造福祉！

分享

1.和孩子分享与人为善的小故事，让孩子明白别人需要帮助的时候，我们应该帮一把。但是帮助别人也要把握原则，要分清是非、善恶，不能无原则地给予帮助。

2.让孩子知道在帮助别人的时候，也不必想着一定要有回报。

3.教孩子学会宽容、感恩。

4.孩子做了善事，及时鼓励孩子做得好。

5.妈妈要以身作则，给孩子做榜样。

孩子的收获

我小时候妈妈就教育我要与人为善，学会谦让、学会宽容、学会理解、乐于帮助他人。这让我受益匪浅，从幼儿园、小学、初中到高中我都会与同学们融洽、友好相处。当同学们有困难的时候我会帮助同学，当我有困难的时候同学们也会帮助我。在这过程中，我体会到了每一个人都需要别人的帮助，善于帮助别人，会感受到真正的快乐和温暖。我体会到了大部分的人都是向善的，是乐于助人的。俗话说："助人者，天助也。"助人，也是真正的自助。

随着年龄的增长，我越发能理解什么是真正的与人为善，其实就是愿意将自己需要的东西让给有需要的人。就比如当年我让座给老奶奶这件事，那时候我的年龄很小，而且我妈妈带我外出走了很远的路，我也很累，也很想坐在座位上休息一下，但是妈妈让我让座给老奶奶。当我们帮助别人之后，善良的这颗种子也会在我们心中生根发芽。

通过让座这件事，我更加明白了与人为善

是人际交往中一种高尚的品德,是智者心灵深处的一种品质,是仁者内心里的一种远见。与人为善可以使人与人之间的关系愈加和谐、温暖,使整个社会的风气愈加美好。俗话说"予人玫瑰,手有余香",帮助别人的同时,自己也能感受到快乐,感受到满足,感受到自己的价值。这里的"予人玫瑰"可以是物质上的帮助,可以是一个小小的举动,也可以是对他人精神上的鼓励。

行善事不一定会获得怎样的回报,但是会让一个人的心灵充盈起来,因此,于人、于己、于社会,与人为善都是一个优良的润滑剂。从这样的角度看待与人为善这个行为,会促使我们将其内化于心,并且发挥出其最大的效用。

——陈正堃

第五章
兴趣篇
长大后我想干什么

只要专注于某一项事业,就一定会做出使自己感到吃惊的成绩来。

——马克·吐温

儿子4岁多的时候，我们经常去逛商场。有一天我们逛到玩具区，儿子看到一台电子琴。

儿子兴高采烈地走上去，两只小手有模有样地弹了起来。

晚上

妈妈您能给我买一台电子琴吗？

你喜欢电子琴啊？

我觉得挺好玩的，我想弹！

我想了想，孩子喜欢就买吧，况且弹琴的好处也有很多。

过了几天，我就到专门卖钢琴的商店买了一台钢琴，还给儿子找了一家培训机构，报了名。
我发现儿子还是很喜欢弹钢琴的。
2013年，儿子已经上小学二年级了。
你长大了想做什么呢？
我现在超级喜欢弹钢琴，我长大以后想成为一名钢琴家！
好呀！那你想初中的时候考中央音乐学院附中吗？
我还小，不会想那么多。

那好吧。你先坚持每天练习半小时或一小时钢琴，可以吗？
可以是可以。但我每天还要先打一会儿篮球，再弹钢琴。
没有问题啊。
以后你可以想想自己是否真的喜欢弹钢琴，以后是否想考中央音乐学院附中啊……
我咋想呢？
你现在肯定没啥想法呀，因为我们刚刚说到这个话题。
不着急，以后你想着、想着，练着、练着，可能自己就有想法了。
过了几年，儿子上小学五年级了。
儿子，再过2年你就要考初中了。你想考中央音乐学院附中钢琴专业吗？
我不想考。

哦，你以前不是想成为钢琴家吗？为什么改变主意了呢？
能跟我说说原因吗？
我觉得我对钢琴没有以前那么感兴趣了。
有的时候我也不太想弹琴。感觉练琴挺枯燥的，还挺累的，反正我不想继续练琴了。
还有吗？
现在我们学习了很多文化课，我对文化课更感兴趣。
随你吧。妈妈尊重你的想法。

那你就好好学习文化课吧，
以后争取考一所好的初中。
但是有时间的话，还是要
弹钢琴，也不能轻易放弃
以前所有的努力啊。

长大后我想干什么

　　儿子4岁多的时候，周末我经常带他逛商场。有一天我们在商场里卖玩具的区域里闲逛，逛着、逛着，看见一台电子琴，儿子把小手放在琴键上有模有样地弹了起来。当时人很少，孩子年龄小，手指的力度不大，弹出的声音也不大，营业员也没有阻止他，儿子弹尽兴了我们就走了。

　　晚上吃完晚饭，儿子爬到我的腿上，小胳膊搂着我的脖子，小嘴对着我的耳朵，小声地对我说："妈妈，您能给我买一台电子琴吗？"我很惊讶，便问："你喜欢电子琴啊？"儿子眨着清澈的大眼睛看着我说："我觉得挺好玩的，我想弹。"我想了想，孩子喜欢就买吧。弹琴的好处很多，可以锻炼左右脑，可以陶冶情操，顺便也可以让孩子培养一个业余爱好。于是，我就答应给儿子买一台电子琴。

　　过了几天，我想了想，孩子既然想学琴，干脆就买钢琴，不买电子琴。于是我们就到专门卖钢琴的商店买了一台钢琴，我还给儿子找了一家培训机构，报了名，每周学习两次，一次半小时。每周我都带着儿子按时去上钢琴课，每天晚上儿子也在家练琴半个小时，偶尔练一个小时，我观察了一下，觉得他还是挺喜欢弹钢琴的。

2013年，儿子已经上小学二年级了，一天下午我和儿子一起去奥林匹克森林公园散步，阳光暖暖的，微微的春风吹着我们的面颊，格外温柔。我们边走边聊……我问儿子："你长大了想做什么呢？"儿子跳到我面前，自豪地对我说："妈妈，我现在超级喜欢弹钢琴，我长大以后想成为一名钢琴家。"

我特别开心地说："好呀！那你想初中的时候考中央音乐学院附中吗？"儿子瞬间一脸迷茫地说："我还小，不会想那么多。"他一边说着，小手还一直在胸前摇摆着。此时我也不知道说什么好，只好顺口说："那好吧。你先坚持每天练习半小时或一小时钢琴，可以吗？"

儿子说："可以是可以。但我想每天先打一会儿篮球，再弹钢琴。"我说："没有问题啊。那以后没事的时候你可以想一想自己是否真的喜欢弹钢琴，以后是否想考中央音乐学院附中啊。"儿子又是一脸茫然，瞪着明亮的大眼睛说："我咋想呢？"

我蹲下来跟儿子说:"你现在肯定没啥想法呀,因为我们刚刚谈到这个话题。不着急,以后你想着、想着,练着、练着,可能自己就有想法了。"

过了几年,儿子上小学五年级了,我又问了他同样的话题。我说:"儿子,再过2年你就要考初中了。你想考中央音乐学院附中钢琴专业吗?"儿子不耐烦地说:"我不想考。"我很诧异地说:"呃?你以前不是想成为钢琴家吗?为什么改变主意了呢?能跟我说说原因吗?"儿子说:"我觉得我对钢琴没有以前那么感兴趣了。有的时候我也不太想弹琴。感觉练琴挺枯燥的、挺烦的,还挺累的,反正我不想继续练琴了。"我继续追问儿子说:"还有吗?"儿子想了想,笑眯眯地说:"现在我们学习了很多文化课,我对文化课更感兴趣,比如说数学,比如说语文的写作。"听儿子说完,我挺生气的,压着自己不爽的情绪说:"随你吧。妈妈尊重你的想法,那你就好好学习文化课吧,争取考一所好的初中。但有时间还是要弹弹琴,也不能轻易放弃以前所有的努力啊。"

2018年9月儿子上初中了,我就开始想,孩子目前没有什么特别的兴趣爱好,那么未来什么专业更适合他呢?就此话题我们又开始了沟通……

我说:"儿子,你今年上初一了,你要想一想未来学习什么专业，避免以后考大学的时候不知道自己学什么专业。"儿子说："我也不知道学什么专业。"我说："我通过对你的观察和了解，向你推荐一些专业，你有时间可以先了解，好吗？"儿子说："我没有时间，作业一大堆！"我说："你可以利用周六日的时间或者是寒暑假的时间了解啊。"儿子应付我说："好吧。"于是我说："我建议你可以考虑管理学、经济学、信息技术这些专业。妈妈给你买了几本书，你有时间看看，学校有社团你也可以报名参加一个，学校也有很多岗位，比如班长、学生会主席、课代表、班干部、团支部书记等你都可以参与一下，看看自己对哪方面感兴趣，也试试自己的能力。以后网上有这方面的课程我觉得适合你的，我也会推荐你听一听。如果你在这几个专业中选择了其中一个以后，寒暑假有这方面的夏令营也可以参加体验一下。"儿子听了我的建议参加了学校的社团，也在学校学生会负责某项工作，寒暑假有时间的时候也看了看相关的书籍。

经过自己的学习、思考、尝试、体验、探索，2020年9月儿子在上高一的时候，告诉我说："妈妈，我决定以后学习经济学和计算机，以后我想往这两方面发展。"我特别高兴地说："好啊！你经过这么多年的思考，也尝试了一些工作，妈妈尊重你自己的选择。"

在日常生活中我会观察孩子，观察孩子喜欢做什么事情，喜欢玩什么，喜欢讨论什么话题，从而识别孩子的兴趣爱好。我还会观察孩子的气质、性格特点、生活习惯、优势等，适当、有目的地进行引导、培养孩子的兴趣爱好，鼓励孩子"想到什么就可以去尝试、去做一做"，比如我儿子想买一台电子琴，想弹琴，我想是好事，可以先让孩子试一试、学一学，让孩子自己在真实的环境里先体验、感受一下。但观察时切忌不要用自己的角度，或以自我为中心。如果妈妈以自我为中心去观察孩子也许会增加对孩子的误解，更不要将自己未实现的理想强加在孩子身上。

孔子曾经说过"知之者不如好之者，好之者不如乐之者"，爱因斯坦曾经也说过"兴趣和爱好是最好的老师"。兴趣可以让孩子拥有多元思维，同时也是开阔眼界的起点。帮助孩子寻找到自己真正感兴趣的事情需要一个漫长的过程，在这个过程中，我带孩子去做职业体验，参观某些企业，了解一些行业的特点，积累对某些行业的感性认识。例如，儿子在小学五、六年级的时候，我利用他寒暑假的时间带他去新京报参观、学习，体验当一名小记者，当时新京报的老师们还带着他们进行一些简单的采访活动。如果没有机会到企业中去了解和学习，可以通过书籍或上网查阅相关内容，或者让孩子进行一些实际操作的练习，让孩子对几个行业有所了解，但最好不要超过三个行业，因为孩子的精力是有限的。

这样做可以避免孩子在未来选择专业的时候不知道何去何从，不知道自己将来想干什么；也可以避免孩子在考大学、填报大学专业的时候不知道填写什么专业；还可以避免孩子未来在工作过程中，感到工作不适合自己，要么就是即使找到了理想的工作也体会不到工作过程中的快感和幸福。

如果孩子真的有兴趣，主动要求去学，他们就会在学习中找到乐趣，在爱好中享受美好的时光。孩子如果做自己感兴趣的事情、擅长的事情，就会快速进步，也会享受这个过程，最终实现自己的人生价值。

每个孩子都有自己的优势和弱势，发现孩子的优势、发展孩子的优势，不强迫孩子做不擅长的事情，从弱势入手。发挥孩子的优势，未来才有可能越做越好。毕竟人的精力是有限的，不可能在同一时间里什么都做，什么都做好。人都有不擅长的方面，人不可能是万能的。有的时候不能贪多，要学会选择，也要学会放弃，我想这也是一种生活的智慧。

有的人之所以取得了非凡的成就，就是因为他们一生只做一件事、只做自己感兴趣的、擅长的事。比如：曹雪芹专心著书，他隐居十多年，以坚韧不拔的毅力，将旧作《风月宝鉴》"披阅十载，增删五次"，最后写成了流传千古的巨著《红楼梦》。

儿子长得有几分英俊，会唱几首歌，会弹几首钢琴曲，在上初一、初二的时候，有机会参与了一些广告、短视频的拍摄，在拍摄的过程中我发现儿子没有太多兴趣，也没有这方面的天赋。于是我和儿子商量不再参与此类活动。我想我不能让孩子在不感兴趣、不适合自己的领域里浪费时间，不让孩子在没有成功可能性的路上浪费时间。一旦遇到这种情况，应该引导孩子重新审视自己的优势和弱势、自己的天赋和潜能，学会分析现状、切合实际地思考当下所做的事情是否真的适合自己，如果不适合就尽快调整、尽快停止，这是帮助孩子渐渐走向成熟的关键所在。

当孩子自己经过多年的体验、探索、思考，下定决心学什么专业的时候，我们要尊重孩子的选择。因为，专业是孩子自己要学的，未来的职业是孩子自己要从事的，一个独立自主、有想法的孩子不会喜欢他人强加干涉，他们渴望的是活出自己的精彩人生。

有一个很好的例子，迈克尔·戴尔创建了戴尔公司。他之所以能取得如此大的成就，很大程度上要归功于他平凡而伟大的父亲。18岁，戴尔进入得克萨斯大学学习生物学，业余时间他改装、销售电脑。大学一年级的假期，他告诉父亲，他每月靠改装出售电脑收入近5万美元，他想退学。听到戴尔的想法后，他的父亲没有暴跳如雷，而是心平气和地和戴尔签订了一份协议：父亲答应他可以利用假期从事电脑改装、销售工作，如果成功，可以申请退学，否则，继续回学校上学。戴尔同意了，结果第一个月收入就达18万美元。于是父亲同意戴尔弃学经商。可以想象，如果戴尔的父亲一开始就不让他根据自己的兴趣尝试，也许今天就没有戴尔电脑，也没有这样一位商业奇才。

一直以来，我非常注重启发孩子自己尝试、自己体验、自己探索、自己思考、自己决定未来学习的专业。在这个过程中，我给孩子建议，但我没有要求孩子一定要按照我的想法决定未来学什么专业。

绘本《安的种子》分享了一个关于"等待"的故事，故事讲述的是一位老和尚把三颗"莲花种子"分给了三个小和尚，本、静和安。本很着急，就把种子种在了冬天的雪地里，结果种子死了。静把种子种在金盆贵土里，放在温暖的房间，并运用知识加以保护，但因为违反了自然发展规律，种子也死了；安不慌不忙，拿到种子后慎重地把它放进小布袋里挂在胸前，等待着季节轮换，直到春天来了，天气变暖，池塘水满，他把种子种在池塘的一角。结果种子活了,在夏天开出了美丽的莲花。这个故事虽然很短,但蕴含着大智慧。妈妈在实施教育的时候也要学会等待,把握好最佳时机,静待花开。

在教育孩子的过程中,我经常告诉自己要"慢",要"等待",学会把握"最佳时机",有的时候还要学会闭上嘴巴,给孩子时间尝试,给孩子时间试错。我非常清楚一味主观地求快,会违背孩子自然成长的规律,后果只能是欲速则不达。我摆脱了速成心理,陪伴、引导孩子寻找到自己真正想学的专业和想做的事情,我想只有这样才能帮助孩子更好地成长,也促使他长大以后主动地为自己喜欢的专业和事业努力奋斗。

一个孩子如果真正找到了热爱的专业、热爱的事情,他就找到了生命的意义、存在的价值。

分享

1.观察孩子喜欢做什么事情,喜欢玩什么,喜欢讨论什么话题。观察孩子的气质、性格特点、生活习惯和优势等。

2.如果孩子对某一方面感兴趣,鼓励孩子去学一学、试一试,让孩子自己在真实的环境里先体验一下。

3.当孩子自己经过多年的探索、思考,下定决心学什么专业的时候,妈妈要尊重孩子的选择。被尊重的孩子,他内心的渴望会很强烈。

4.在教育孩子的过程中,妈妈经常告诉自己要"慢",要"学会等待",有的时候还要学会闭上嘴巴,给孩子时间尝试,给孩子时间试错。

孩子的收获

职业的选择是人生大事，尽早地思考自己未来的发展方向有助于我们找到兴趣点，找到努力的方向，生活也会因此变得充实。做自己感兴趣的事情，我想这也是一种享受。

在此过程中，自身的思考、尝试、体验、探索必不可少，而妈妈就给我了这个选择的自由，在探索的过程当中我的兴趣点发生过变化，有的是因为确实不喜欢了，而有的是因为感觉太枯燥、太累，不想坚持。妈妈总能智慧地识别这两者，对于前者她尊重我的选择，而对于后者她总是耐心地与我心平气和地沟通，告诉我坚持的重要性，要我对自己选择的事情负责任等。

梁启超先生曾经说过："以趣味为根底，凡人必常常生活于趣味之中，生活才有价值。"经过很多年的探索，我想我已经找到了我的兴趣点、我想学习的专业、我未来的职业发展方向，或许它还会发生改变，因为未来是不确定的，但至少我在不断地问自己我到底喜欢什么，不喜欢什么，我擅长什么，不擅长什么，我有哪些潜力，在这个过程中我的生活变得充实、有意义。

——陈正堃

第六章
协作篇
从小培养协作精神

> 只身一人,我们能做的少之又少;并肩协作,我们能做的很多很多。
>
> ——海伦·凯勒

儿子上小学五年级的时候,有一段时间特别喜欢阅读鸟类的书籍。

一天晚上我们正好看到"大雁"的相关内容,从书中我们了解到大雁是非常出色的飞行家!

在飞行中,大雁们常常排成"人"字形或者"一"字形,这种队形在飞行时可以省力,还有利于防御敌害。

儿子看得非常投入,张开双臂模仿起大雁飞行的姿势。

看完大雁的介绍,你可有什么收获?

大雁们很懂得团队协作。一只飞累了再换另一只有经验的大雁当领队。

当它们休息或者喝水的时候,还有一只有经验的大雁放哨。

你说得真好！还有吗？
在团队协作的过程中还要互相帮助，幼小的大雁和体弱的大雁排在中间，为的就是不让它们掉队。
大雁们互相信赖，在飞行中才能发挥出各自的优势。
嗯嗯，还有呢？
自此之后，在家中，我从日常生活中的小事里开始培养孩子的协作精神。
在这个过程中，不仅让孩子学会了协作，还让孩子体会到协作可以提高效率。
在协作的过程中需要交流，这样还可以增进妈妈和孩子之间的感情。

从小培养协作精神

儿子上小学五年级的时候，有一段时间特别喜欢阅读关于鸟类的书籍。有一天晚上，我们俩一起看书，正好看到"大雁"，从书中我们了解到大雁是非常出色的飞行家，每年秋天，大雁们就从西伯利亚一带，成群结队、声势浩大地飞到温暖的南方过冬。第二年春天，它们再飞回西伯利亚。大雁们的飞行速度非常快，每小时能飞68~90公里，几千公里持久的飞行要经历很长的时间。

在飞行中，大雁们的队伍井然有序，它们常常排成"人"字形或"一"字形，这种队形在飞行时可以省力。最前面的大雁拍打翅膀，会产生一股上升气流，后面的大雁紧紧跟着，可以利用这股气流，飞得更快、更省力。这样，一只大雁跟着一只大雁，大雁们自然地排成整齐的"人"字形或"一"字形，这样的队形还利于防御敌害。

在飞行中，带队的大雁是有经验的，但飞行中体力消耗得很厉害，因而它会与别的有经验的大雁交换位置。幼雁和体弱的大雁会插在队伍的中间。当大雁们在水边觅食、饮水、休息时，会由一只有经验的大雁担任哨兵。

通过对大雁的详细了解，我想到要引导儿子从小培养协作的精神，锻炼与人合作的能力。于是我就问儿子："看完这段文字，你有什么收获呢？"

儿子说："大雁们很懂得团队协作。有经验的大雁排在最前面带头飞，飞累了再换一只有经验的大雁当领队。当它们休息、饮水时，还有一只有经验的大雁放哨。"我惊讶地说："你说得真好！还有吗？"儿子说："在团队协作的过程中还要互相帮助，幼雁和体弱的大雁排在中间，为的就是可以看到它们，不让它们掉队。"我继续问："还有吗？"儿子说："大雁们知道各自的优势并且相互信赖，在飞行中才能发挥各自的优势。"我说："你总结得真好！对我都有启发！"

协作指人与人之间互相配合，共同完成某项任务。协作是人的一项基本素质和品格。歌德曾经说过：不管努力的目标是什么，不管干什么，单枪匹马总是没有力量的。合群永远是一切具有善良品格的人的最高需要。一个人如果不能真诚地合作，他就很难获得成功。我国很多家庭只有一个孩子，孩子从小缺少和兄弟姐妹之间互相帮助、互相协作的机会，所以妈妈要有意识地培养孩子的协作精神。

在家里，我从日常生活中的小事开始培养孩子的协作精神，比如，晚上做晚饭的时候，我让孩子摘菜，我洗菜。吃完晚饭的时候，我让孩子收拾碗筷，我洗碗筷。周末打扫卫生的时候，我让孩子擦桌子，我擦地。在这个过程中，不仅让孩子学会了协作，还让孩子明白，协作可以提高效率。在协作的过程中需要交流，而交流可以增进妈妈和孩子之间的感情。

每个人都有优点也有缺点，应该教会孩子发现每个同学身上的优点，欣赏每个同学身上的优点。当自己的同学取得了好成绩的时候要为此感到高兴，而不是嫉妒。在团队协作过程中发挥每个人的优点，就像大雁群飞的时候，一定是有经验的大雁带头飞；大雁们休息、觅食、饮水时，一定是有经验的大雁在放哨。

培养孩子建立双赢的思维。双赢是英文"win-win"的中文翻译。双赢强调的是协作双方要兼顾双方的利益，不能一方赢，另一方输。"双赢"思维类似于中国传统文化中的"和合"思想。

在我家，每次外出吃饭非常令我头疼，儿子喜欢吃西餐，我先生喜欢吃中餐。如果吃了西餐我先生不开心，如果吃了中餐儿子不开心。为了让大家都开心，在外出吃饭的问题上,我想出了双赢的办法,外出吃饭我们就吃自助餐,大多数自助餐既有中餐又有西餐,谁喜欢吃什么就吃什么,这样大家都高兴,都能吃到自己喜欢吃的食物。

后来我还给儿子分享了"龟兔赛跑"的故事。乌龟和兔子赛跑,第一次兔子跑得很快,觉得自己肯定能赢,因而掉以轻心半路睡觉,结果慢悠悠的乌龟却赢了。兔子不服要求再跑一次。第二次兔子不睡觉了,一口气跑到终点,把乌龟甩得远远的,结果兔子赢了。乌龟不服要求再跑一次,这次要求自己制定路线,兔子心想无论乌龟怎么制定路线,自己都会比它跑得快,就顺口答应了。第三次兔子跑得很快,但快到终点的一段路是一条河,兔子不会游泳,可落在后面的乌龟跑到这里时大摇大摆地游了过去,最终赢了这次比赛。结果兔子不服,说乌龟设定的路线不公平。乌龟和兔子还要再进行第四次赛跑,但它们转念一想,这样一次又一次地比下去也不好,还是合作吧。兔子说在陆地跑的时候我驮着你,乌龟说在河里跑的时候我驮着你,结果一样的路线,乌龟和兔子是同时到达终点的。这就是双赢的思维。

在最后一次赛跑中,乌龟和兔子利用各自的优势,互相弥补对方的不足,一方付出自己的能力,另一方借助他人的能力,这是真正的有效协作,这就是双赢的思维。

培养孩子建立双赢的思维，需要孩子有宽广的胸怀，信任对方，帮助对方。如果合作双方互不信任、互不帮助，也很难达到双赢，就像乌龟和兔子第四次赛跑一样，如果它们互不信任、互不帮助，也不可能同时到达终点。

协作能力对于一个孩子的成长乃至成才是至关重要的，这方面能力的培养一定要趁早。

分享

1. 从日常生活中的小事开始培养孩子的协作能力。

2. 每个人都有优点也有缺点，教孩子发现每个同学身上的优点，欣赏每个同学身上的优点。

3. 培养孩子建立双赢思维，需要孩子有宽广的胸怀，信任对方，帮助对方。

孩子的收获

在生活中，由于妈妈的引导，我学会了团结协作。比如，打篮球的时候，我经常把球传给组织能力强的同学，让他们发挥长处，串联球队。我的投篮能力比较好，同学也会在合适的时候把球传给我，让我得分。正是靠着队友间的团结协作，取长补短，我们往往能够在欢乐中赢得比赛。

在学校的社团里，每当遇到小组合作项目时，我会积极与大家讨论，让每位同学分享自己的优势与兴趣，进而相互协商、合理分工。同学们各自发挥自己的优势，即使是难度很大的项目，最终也能够在大家的通力合作之下取得成功。

乔丹曾经说过：一名伟大的球星最突出的能力就是让周围的队友变得更好。詹姆斯曾经说：不管是打什么位置，我只是想带来胜利的决心；我想成为一名无私的球员，我觉得那可以使我的队友进步；当场上有一个最好的球员，而且他还很无私，那么他会感染其他的队员。我想在赛场上如果能有像乔丹、詹姆斯这样优秀的球员带动，那么，这个团队一定会更加团结。

无论是打篮球还是社团活动，或是班级活动，我们要完成生活中的很多事情都需要发挥协作精神。一个人，难免会陷入独木难支的窘境；一群人，往往能够所向披靡。随着社会的高速发展，越来越多的难题不再是一个人能够完成的，但是如果学会了团结协作，那么一切问题都会迎刃而解。

——陈正堃

第七章
接纳篇
只有接纳自己才能走得更远

不要浪费时间担忧自己与众不同，你在这个世界上完全是崭新的，前无古人，也将后无来者。

——卡耐基

儿子上初二的一天晚上，他耷拉着脑袋走到我跟前。

妈妈，明天我不想上学了。

为什么呢？是身体不舒服吗？

不是。

那是……为什么呢？

是……是因为数学考试成绩太差了。

就是因为成绩差就不想上学了？

是的。

那你拿出试卷，我们看一看好吗？

一次考试没有考好，说明不了什么问题。
我们一起来找找原因，数学为什么考得不理想呢？你先说说。
数学
我就是一个大笨蛋！最后一道数学题太难了，我就是不会做，而且有两道会做的题也写错了！
最后一道数学题的确有难度。
你先冷静一下，然后想一想以后考试碰到难题怎么办。
妈妈，我也没有办法，我的智商不高，一碰到难题我就不会做。

听儿子说完这句话我也挺难过的，人与人的智商的确是有差异的。

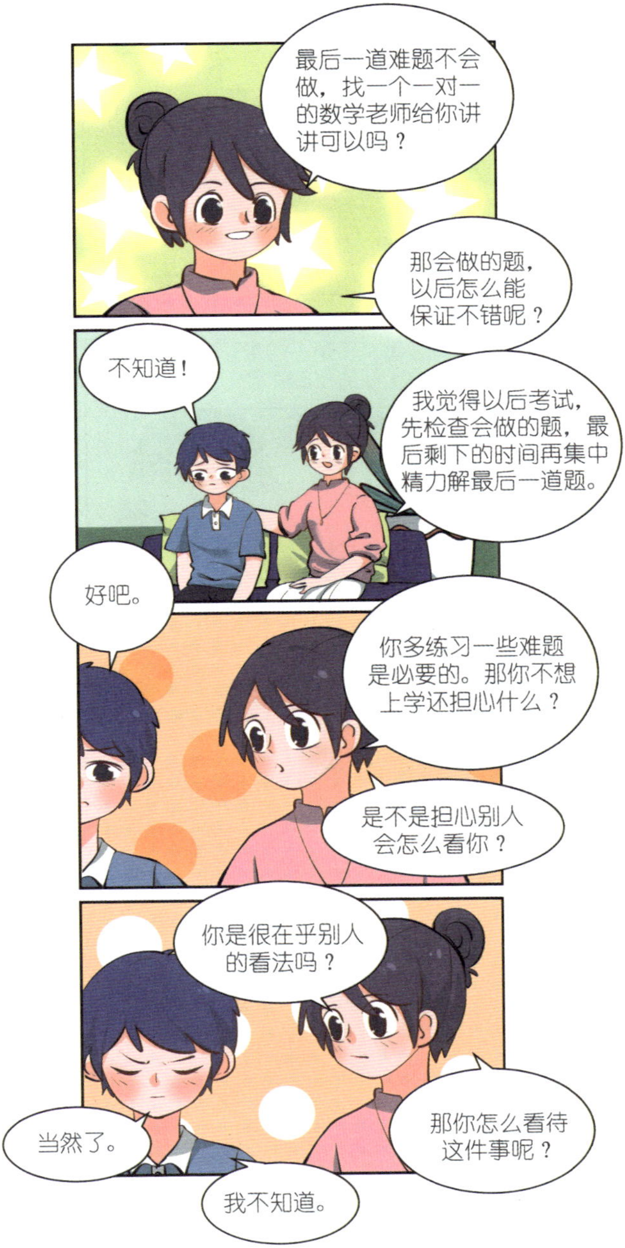

我跟你分享菲律宾首位考上名牌大学的阿埃塔人原住民诺曼金恩的故事吧……
诺曼金恩小的时候问妈妈：
为什么我们的皮肤颜色像泥土一样？别人都说我们很脏。
心里不干净的人才是真的脏。
上中学以后，有人嘲笑他的穿着和发型，于是金恩带了假发，穿上了流行的衣服。
你真的要为了别人而改变吗？
只有接受自己，才能走得更长、更远啊！
当诺曼金恩在大学毕业典礼上接过毕业证书那一刻，他穿着阿埃塔人的衣服，骄傲地对着台下几万人。
“我妈教会我，只有接受自己，才能走得更长、更远。我是诺曼金恩，我以我是阿埃塔人为荣。”
故事讲完了，你什么体会？

只有接纳自己才能走得更远

儿子在上初二的时候，有一天晚上，耷拉着脑袋低声细语地跟我说："妈妈，我明天不想上学了。"我很惊讶地问："为什么呢？是身体不舒服吗？"儿子说："不是。"我说："那是为什么呢？"儿子不肯说，我再三追问，儿子觉得有点儿躲不过去了，就跟我说了，是因为数学成绩考得特别不理想。我说："就是因为成绩不理想就不想上学了？"儿子说："是的。"我说："那你拿成绩单和试卷来，我们看一看，好吗？"儿子垂头丧气，磨磨蹭蹭地从书包里掏出数学书和试卷，数学书放在了书桌上，试卷递给了我。我说："一次考试没有考好，说明不了什么问题。我们一起来找找原因，数学为什么考得不理想呢？你先说说。"

儿子大发雷霆，拿起书桌上的数学书边摔边说："我就是一个大笨蛋，最后一道数学题太难了，我就是不会做，而且有两道会做的题也做错了。"看着儿子这样子，我只好深呼一口气耐着性子说："最后一道数学题的确有难度。以后数学考试都会是这样，最后一道题都会有难度，你先冷静一下，想一想以后考试碰到难题、不会做的题怎么办呢？"

然后我转身去厨房切了一盘水果，倒了一杯葡萄汁，放在儿子的书桌上，让他吃点水果、喝点果汁。过了好一会儿，儿子的心情平静了一点，他伤心地跟我说："妈妈，我也没有办法，我的智商不高，一碰到难题我就想不出来，不知道如何做。"听儿子说完这句话我也挺难过的，人与人的智商的确是有差异的，有的孩子天生高智商，有的孩子天生智商一般。但对于智商一般的孩子我们就放弃吗？我想是不可以的。我继续耐心引导儿子："最后一道难题不会做，我们找一个一对一的数学老师给你讲讲可以吗？"儿子很快就答应了。我紧跟着问："那会做的题，以后怎么能保证不错呢？"儿子说："不知道！"我说："那你能听听我的建议吗？"儿子不耐烦地说："您快说吧，别卖关子了。"我说："以后考试，如果最后一道题2分钟之内感觉自己做不出来，先暂时放弃，检查会做的题是否都做对了，尽量保证全对。最后剩下的时间再集中精力解最后一道题，能写出多少就写多少，不要怕出错，这样也可以保证整体分数不会太差。考试也是要讲究策略的。"

儿子说："好吧。以后考试的时候就按照您说的做。您给我找一个一对一辅导的老师，给我讲讲难题部分，然后再让老师给我留一些类似的练习题，我多做一做。"

我说："你多练习一些难题是必要的，这个方法也很好。那你不想上学还担心什么呢？"儿子不回答，我继续说："是不是担心别人会怎么看你？"儿子微微点点头说："是的，同学们会看不起我的。"我说："你是很在乎别人的看法吗？"儿子说："当然了。"我说："那你怎么看待这件事呢？"儿子一脸茫然地说："我不知道。"

我心平气和地跟儿子分享了菲律宾首位考上名牌大学的阿埃塔人诺曼金恩的故事。诺曼金恩小的时候问妈妈："为什么我们的皮肤颜色像泥土一样？别人都说我们很脏。"他妈妈说："心里不干净的人才是真的脏。"上中学以后，有人嘲笑他的穿着和发型，于是诺曼金恩戴了假发，穿上了流行的衣服。回家后，妈妈问为什么穿成这样。诺曼金恩说他的同学现在会注意他了。妈妈略有失望地说："你真的要为了别人而改变自己吗？"接着妈妈对他说："只有接受自己，才能走得更长更远。"

当诺曼金恩在大学毕业典礼上接过毕业证书那一刻，

他穿着阿埃塔人的衣服,骄傲地对着台下几万人异样的目光说:"我妈教会我:只有接受自己,才能走得更长更远。我是诺曼金恩,我以我是阿埃塔人为荣。"

故事讲完了,我问儿子有什么体会。

儿子低着头,嘟嘟囔囔地说:"只有接受自己,不和别人比较,做好自己,才能走得更长、更远。"我说:"是呀。只有接受自己,不和别人比较,不模仿别人,做好自己,才能走得更长、更远。当我们面对问题的时候要合理归因,而不是一味地消极对待或者否定自己,要客观分析造成失败的原因,并吸取经验教训。如果是所学的知识点没有掌握,那就反复阅读课本上的内容,搞明白后做一些练习题,看看自己是否真的理解并掌握了。如果是自己做题技巧的问题,那就努力改进,掌握一些做题技巧。如果是自己努力不够,那就克服自己的懒惰,勤奋一些。如果是因为题太难,超出了自己能力范围,那就调整做题的策略,把会做的题做对,最后一道题太难就放弃。面对此类事情,不消极、不悲观、不气馁,只有这样才不会因为一次失败而否定自己。"儿子的心情一下子放松了,他说:"好的,妈妈,我明白了。"我紧跟着又问:"你明天去上学吗?"儿子说:"明天我会按时上学的。我也会找数学老师帮我分析一下试卷,我想听听老师的建议。"

面对这样的问题，我没有说教，没有数落孩子怎么不好好复习，怎么不认真思考，怎么考得这么差！而是一步一步引导孩子思考，跟孩子站在一起，积极地想办法帮他改进。同时引导孩子写出自己的优势和弱势，让他对自己有一个清醒的认识。

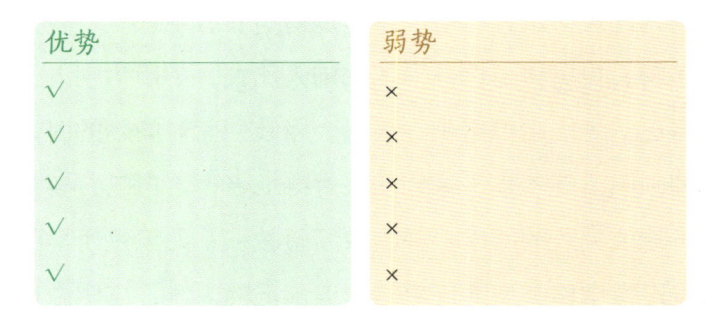

优势	弱势
√	×
√	×
√	×
√	×
√	×

经过这件事以后，只要有机会，我就跟儿子讨论他自己的特质、优势和弱势。接受自己就是客观地认识自己、赏识自己，发挥自己的优势，面对自己的弱势与局限也能坦然接受，并且想尽办法，有针对性地进行提升。只有敢于正视自己的不足、接受自己的不足，才能让自己更加成熟。

有时我告诉儿子，在心中默默地对自己说："不论我有多少不足，我也要毫无保留地、完全地接受我自己。与别人比是没有什么意义的，只要保证自己每天都在成长就足够了。"反复对自己说这两句话，一边说一边好好感受自己的语言。逐渐地、逐渐地，会发现自己的焦虑得到了缓解，自我感觉也会好多了，也更加真实了。即使孩子做不到喜欢自己的一切，但这么做就是教孩子尊重自己、尊重现实。在现实生活中没有完美的人，每一个人都有不足之处。

我还告诉儿子不要怕失败，没有一个人会一直正确、一直成功。俗话说"失败是成功之母"。我们可以一点一点地努力完成自己有能力做的事情，再一点一点地努力完成自己认为有难度的事情，在这个过程中充分发挥自己的优势，挖掘自己的潜能。

我也经常跟儿子分享名人故事。例如：梅兰芳先生小的时候资质平平，为了使京剧世家的香火延续下去，在他8岁那年，家里请来了朱素云做他的启蒙老师，给他"说戏"。第一出开蒙戏为《二进宫》，其中有四句老腔，朱先生反复教他，他还是学不会。朱先生见他如此笨拙，认为他不是学京剧的料，不再教他了。临走时，朱先生冷冷地对小梅兰芳说道："祖师爷没给你这碗饭吃，我也没有办法。"

朱先生的这句话刺痛了他，他心里想，别人能学会的东西，我为什么学不会。小梅兰芳便暗下决心，一定要好好学京剧，让所有的人都对自己刮目相看。

小梅兰芳每天清晨起床，练习走台步、跑圆场和吊嗓子。上午练功，下午学唱腔，晚上念戏本子。小梅兰芳不仅严格按规定去做，有时还给自己加更多练习的内容，逼着自己向更高目标迈进。

通过这个小故事，儿子也慢慢明白大部分人的资质是平凡、普通的。每个人身上都有优点，也有不足之处，只要足够勤奋，只要足够用心，只要不断坚持，总会弥补自身的不足。俗话说"勤能补拙"，任何人所取得的好成绩都是用勤学苦练换来的。

积极的自我暗示可以调动潜意识的力量。我经常引导儿子对自己说"我能行""我会学会的""我一定能考出好成绩"等简单精练的语言进行积极的自我暗示。

在学习过程中，有的孩子对自己充满信心，相信自己"很快就能学会"，有的孩子则缺乏信心，怀疑自己"根本学不会"。两种不同的心态，造就大相径庭的学习效果。前者属于积极的暗示，即使遭遇失败，也没有关系，只把学得好的印象深深地刻在脑子里，结果可能很快就学会了。而后者则属于消极的自我暗示，往往把失败的印象留在脑海中，这样学起来可能要花很多的时间和精力，结果也不会很理想。

中国有一句老话，说的就是怕什么来什么。所以给自己的暗示一定要是积极的，我会告诉孩子不要在考试前一直想如果有不会的题怎么办、如果考得不好会怎么样,会不会被同学、老师嘲笑等。应该给自己积极的心理暗示,比如,我通过自己的努力、勤奋学习一定能考好。积极的心理暗示是一个好的方法,可以帮助孩子战胜困难。

  人的心理活动分为意识和潜意识两部分。意识是我们能够感知到的,潜意识是我们感知不到的,它虽然不为我们所感知,却能影响我们的认知、情绪和行为。我们可以调动自己的潜意识,重复刺激潜意识,并使之成为习惯。因此,每天晚上临睡前或早晨醒来,可以让孩子用激励性的语言对自己进行积极的自我暗示,也可以把这些积极的暗示语写下来贴在孩子的书桌上。我就把积极的语言贴在儿子的书桌上,儿子每天都可以看到。

积极的自我暗示也能缓解孩子的过度焦虑，让孩子的心情平和、愉悦。焦虑不仅会对情绪产生影响，也会对学习产生影响。研究表明，中等程度的焦虑最有利于孩子的学习，过高程度的焦虑或过低程度的焦虑都不利于学习。

分享

1.引导孩子分析自己的特质、优势和弱势。发挥自己的优势，接纳自己的弱势。如果弱势阻碍自己发展，可以通过勤学苦练来弥补。

2.积极的心理暗示是一个好的方法，可以帮助孩子战胜困难。

孩子的收获

每个人与生俱来的天赋、能力、所处环境都不尽相同，因此后天发展出的能力以及所获得的成绩也会有所差异。对于这些差异，过去我会感到懊恼、失落，但是听完妈妈给我分享的小故事和她的观点后，再加上我慢慢地通过自己的一些实践，我变得豁然开朗。与别人比较没有什么意义，只要保证自己每天都在进步、成长，最大限度地发挥自己的可能性就足够了。

我想，人生短短数十载，我们与自己的相遇本身就是一个最大的幸运，所以何不接受自己，过好这一生呢？经过几年的时间，我逐渐也意识到与其因自己技不如人而郁郁寡欢，不如好好审视自身的特质、优缺点，达到"知己"的状态，然后再针对所应提升的部分进行改善、学习、不断努力。这样一来，我们自然而然地就能走得更好、走得更远。

——陈正堃

第八章 梦想篇

拥抱梦想，成为想成为的人

理想是指路明灯。没有理想，就没有坚定的方向；而没有方向，就没有生活。

——列夫·托尔斯泰

有一年的冬天……
儿子，妈妈看了看这本书挺好的，应该对你也有帮助，里面都是小故事，不长……
明天周日，你有时间也看看，好吗？
哦哦，那要看我是否有时间啊！
你周日不是没有什么安排吗？
噗嗤！
您又不是我肚子里的蛔虫，您怎么知道我没有安排呢？

第二天晚上

看了吗？

您可能就是我肚子里的蛔虫，我今天挺烦的，什么都不想干，就看了看您推荐的书。

感觉怎么样？

我觉得书中有一个小故事还有一点点小意思。

是吗？你能跟我说说是哪个小故事吗？我也挺想听听呢。

小故事是这样的……

很多年以前的一个晚上，有个年轻的妈妈正在厨房里洗碗，她的孩子独自在洒满月光的院子里玩耍。

妈妈听到孩子蹦蹦跳跳的声音，感到很奇怪，便大声问他在干什么。

您猜那孩子说什么？

我怎么知道说什么呢？
您猜猜嘛！
我真的不知道，你就别卖关子了快点告诉我吧。
那孩子大声回答说：妈妈，我想要跳到月球上去！
妈妈，要是您听到我这么说，您会怎么回答呢？
天啊！天啊！我一定会哑口无言，不知所措的……
但是他的妈妈是这样回答的，她说：好啊，不过你一定要记得回来啊！
这个孩子长大以后真的“跳”到月球上去了，您猜他是谁？
这有点儿难猜呢。
真的猜不出来？
好了好了！我真的不知道。你赶紧告诉我吧！

他就是第一个登上月球的人——美国宇航员尼尔·阿姆斯特朗！
真的！这个小故事真好！以后我讲课的时候，也可以讲给我的学员们听听。
那通过这个小故事，你有什么收获呢？
阿姆斯特朗小时候真够淘气的，比我淘气多了！
可是阿姆斯特朗很敢想！
是的，他敢想，有自己的梦想。以后你也想想自己有什么梦想，长大以后做什么，想成为什么样的人。
梦想也许会创造奇迹的！你想成为什么样的人就会成为什么样的人。你要敢想！

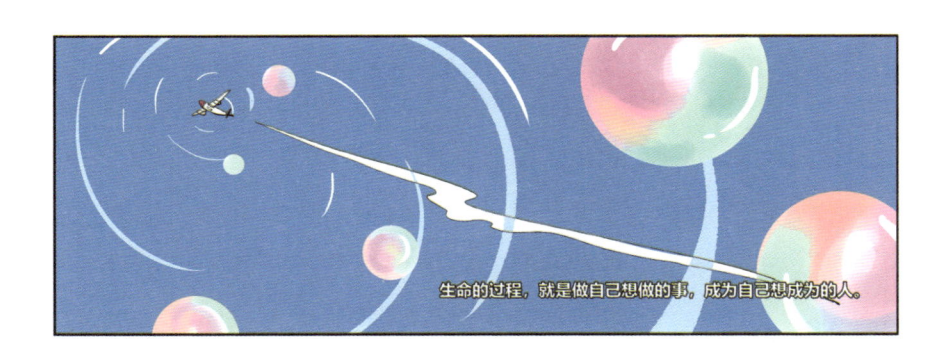

生命的过程，就是做自己想做的事，成为自己想成为的人。

拥抱梦想，成为想成为的人

有一年冬天，外面下着很大的雪。美丽的雪花漫天飞舞。天上，地上，树上，屋顶上，到处都是雪，漂亮极了。

我在家里一边欣赏着外面的大雪，一边看着手边的书。其中有一本故事书我觉得应该给儿子看看，于是我说："儿子，妈妈觉得这本书挺好的，应该对你也有帮助，里面都是小故事，不长，明天周日你有时间看看，好吗？"儿子说："哦哦，那要看我是否有时间啊。"我说："周日你不是没有什么安排吗？"儿子说："您又不是我肚子里的蛔虫，您怎么知道我没有安排呢？"我说："哦哦，我就是你肚子里的蛔虫。"

第二天晚上我问儿子说："书看了吗？"儿子说："您可能就是我肚子里的蛔虫，我今天挺烦的，什么都不想干，就看了看您推荐的书。"我紧跟着问："感觉怎么样？"儿子说："我觉得书中有一个小故事还有一点点小意思。"我好奇了,着急地说:"是吗?你能跟我说说是哪个小故事吗?我也挺想听听呢。"

儿子得意地说:"妈妈,您好好听着,这个小故事是这样的。很多年前的一个晚上,有个年轻的妈妈(可能比您漂亮)正在厨房里洗碗,她的孩子独自在洒满月光的院子里玩耍。妈妈不断听到孩子蹦蹦跳跳的声音,感到很奇怪,便大声问他在干什么。您猜那孩子说什么?"我说:"我怎么知道说什么呢?"儿子着急地说:"您猜猜嘛!"我说:"我真的不知道,你就别卖关子了,快点告诉我吧。"儿子说:"那孩子大声回答说:'妈妈,我想要跳到月球上去!'"说完,我儿子用期待的眼光看着我的眼睛,问我:"妈妈,要是您听到我这么说,您会怎么回答呢?"我说:"天啊!天啊!天啊!哑口无言,不知所措!"儿子叹了一气,有点失望地说:"他的妈妈是这样回答的:"好啊,不过你一定要记得回来啊!""这个孩子长大以后真的'跳'到月球上去了,您猜他是谁?"我说:"我不知道。"儿子又是急不可待地问:"您再猜猜看?"我说:"好了好了!我真的不知道。你赶紧说吧!"儿子突然从椅子上站了起来,庄重地在我面前冲着我大声地说:"他就是第一个登上月球的人——美国宇航员尼尔·阿姆斯特朗!"

我说："真的！这个小故事真好！以后我讲课的时候，也可以讲给我的学员们听听。那通过这个小故事，你有什么收获呢？"儿子笑眯眯地说："阿姆斯特朗小时候真够淘气的，比我淘气多了！""我说的是收获，你有什么收获？"儿子毫不犹豫地说："阿姆斯特朗敢想！"我说："是的，他敢想，有自己的梦想。以后你也想想自己有什么梦想，长大以后做什么，想成为什么样的人。"儿子又补充了一句说："梦想也许会创造奇迹的！"我很惊讶他说出这句话，又问："还有吗？"儿子说："你想成为什么样的人就会成为什么样的人。你要敢想！"我用欣赏的眼光看着儿子，开心地说："你说得真好！生命的过程，就是做自己想做的事，成为自己想成为的人。"

我喜欢跟儿子一起阅读一本书、一篇文章，一起讨论，分享收获。儿子上高一的时候，我们一起阅读了《孔子》，看完《孔子》后，儿子跟我分享：

"孔子的弟子们的形象耐人寻味，勇猛果敢的子路，足智多谋的冉求，从侧面反映出孔子的文武双全。子路在临死前还不忘衣冠，冉求在帮助鲁国取胜后还不忘恩师，由此可见孔子的确是一个善于教导、坦坦荡荡的真君子，一个值得人们去膜拜的大圣人。再看孔子最得意的弟子——颜回，在他落水时，他第一时间想到的不是自己的安危，而是孔子所留下来的经典，只可惜他葬身于大海，不然他又会为中国留下多少财富呢？孔子的这些弟子，不畏艰难、不畏贫穷地跟随孔子，足以说明孔子的个人魅力之强大。这样的人生在中国，实属中国之幸！

"有家小而不能享其乐，惜弟子而不能全其身，爱国家而不能报其君，恋故土而不能立其足，怀理想而不能偿其志。孔子周游列国十四载，受尽风霜之苦、离别之痛，尝遍人间冷暖、世态炎凉，依然坚守'仁义礼乐'。这样的坚守为中华文化之核心奠定了基础。"

高尔基曾经说过"书籍是人类进步的阶梯"。读科学之书可以让孩子增加知识。读圣贤书可以让孩子学到做人做事的道理、成功的经验，此外还可以让孩子放飞梦想。

通过阅读这些小故事、书籍，再加上我的耐心引导，儿子也有了自己的梦想。当儿子有了自己的梦想，我就会拿出一张漂亮的卡纸，让他把梦想写出来，并装好相框放在他的书架上，这样每天都可以看到。"志不立，如无舵之舟，无衔之马，飘荡奔逸，终亦何所底乎！"（明代王守仁《教条示龙场诸生·立志》）有了梦想才会有前进的方向，才会有内驱力。周恩来年轻时便立志"为中华之崛起而读书"，这一梦想激励着他刻苦学习，不断探索挽救中国、挽救人民的道路，为中国、为人民鞠躬尽瘁。

其实可以从小学阶段开始慢慢引导孩子拥有自己的梦想，也可以分几个阶段，比如小学、初中、高中、大学、工作……在每个阶段引导孩子要有自己的梦想，并且引导孩子把梦想写出来。暂时不要考虑孩子的梦想有多么不现实，有没有实现的可能。有梦想多好呀！有梦想是件幸福的事，先写出来，然后和孩子一起讨论为了实现这个梦想需要什么能力，需要学习什么知识，如何制订计划去执行，如何坚持……一步一步脚踏实地，为了实现梦想而努力的过程就是美丽的。

为了让孩子坚持自己的梦想，我会经常鼓励孩子，为了鼓励孩子我也经常学习。我曾经看过这样一则小故事：

一百多年前，一位穷苦的牧羊人带着两个幼小的儿

子为别人放羊。有一天他们赶着羊到一个山坡上,一群大雁从他们头顶飞过,很快消失在远方。牧羊人的小儿子问父亲:"大雁要往哪里飞?"牧羊人说:"它们要去一个温暖的地方,度过寒冷的冬天。"大儿子眨着眼睛羡慕地说:"要是我也能像大雁那样飞起来就好了。"小儿子也说:"要是做一只大雁该多好啊!"

牧羊人沉默了一会儿,然后对两个儿子说:"只要你们想,你们也能飞起来。"两个儿子试了试,都没能飞起来,他们用怀疑的眼神看着父亲,牧羊人说:"让我飞给你们看。"于是他张开双臂,但也没能飞起来。可是,牧羊人肯定地说:"我年纪大了飞不起来,你们还小,只要不断努力,将来一定能飞起来的。"

两个儿子牢牢记住了父亲的话,并一直为此努力着。他们长大以后真的实现了自己的梦想,这两个人就是莱特兄弟,他们发明了飞机。

牧羊人是一个非常棒的爸爸,他给了两个儿子极大的鼓励。我看完这个小故事收获非常大,我也学着鼓励孩子,帮助孩子放飞梦想。无论孩子有什么天马行空、不可思议的想法,不轻易说不可能、不轻易否定。我想孩子最需要家长的支持和鼓励。这也是孩子未来能否成才的一个非常关键的因素。

当然，孩子的梦想随着时间的推移，也会有所变化、有所调整，没有关系，慢慢引导孩子学会反思、不断反思，让孩子经常问一问自己究竟喜欢什么、擅长什么、有什么能力，这样更有利于帮助孩子找到真正值得自己追寻的梦想，而不至于走太多弯路。梦想不仅仅是停留在脑海中的一个美好想法，更应当赋予实际行动、努力追求。对于自身能力和梦想不断反思，有助于孩子发现在实现梦想的路上应该具备怎样的能力，同时还可以帮助孩子更好地规划自己的时间。

曾子曰："吾日三省吾身。"反思的力量是无穷的，没有人比孩子自己更了解自己，孩子通过自身的反思所发现的问题无疑是最真实、最可靠的。同时，自我反思是一种由内而外的力量，这比由外而内地改变要好得多。孩子出于自我保护，对妈妈的说教、批评或多或少会有些反感、不开心、不接受，但是从自身而言，自我反思这样由内改变的方式更容易让孩子自己接受，更自然而然，其效果也是非常有效的。

"合抱之木，生于毫末，九层之台，起于累土"，当孩子有大的梦想时，我会告诉孩子要从身边的小事做起。"千里之行，始于足下"，看似微不足道的小事情无形中却可以为远大的梦想保驾护航。我教育孩子，认真对待生活中的每一件小事情，为自己的梦想做准备。

在这过程中，我跟儿子分享居里夫人的故事。居里夫人对放射性物质进行深入研究的时候，经历了很多困难，最后终于提取出了放射性元素镭。我跟儿子分享司马迁的故事，司马迁因替李陵败降之事辩解而受宫刑，但仍发奋完成了《史记》这一伟大巨著。慢慢地儿子也明白了要想实现自己的梦想，需要有恒心、有毅力、有顽强的意志。从小事开始锻炼孩子的意志，碰到小事不要认为不值做，碰到小事不要掉以轻心，小事恰恰能锻炼一个人的意志力。我们身边的小事有很多，比如不随地吐痰，不随地乱丢东西，不说脏话，不吃不健康的食品，按时睡觉，按时起床，坚持锻炼身体，收拾自己的书包，叠被子、叠衣服等。就从生活中的这些小事做起，从现在做起，在这些点滴小事中培养孩子的意志、品质。我还会经常鼓励孩子努力学习，学习需要意志力，而学习也是锻炼意志力的好方式。鼓励孩子参加体育运动，体育运动需要意志力，体育运动是增强意志力的最好方式。

引导孩子给自己设定一个合适的目标，坚持学习，持之以恒，使孩子的意志力得到锻炼。从上学的第一天起就告诉孩子上课要认真听讲，下课要认真完成作业，提前预习新知识，每次考试要认真对待，坚持阅读等，养成好习惯。这些看似是小事，但都会为孩子的未来打下坚实的基础。如果坚持，定会发光，我们家长能做的就是助力孩子实现自己的梦想，使他们成为自己想成为的人。

分享

1. 引导孩子从小阅读名人传记、小故事，慢慢地孩子也会拥有自己的梦想。

2. 当孩子有了自己的梦想时，让孩子把梦想写出来，并装进相框放在自己的书架上，每天都可以看到。

3. 孩子最需要家长的支持和鼓励。这也是孩子未来能否成才的一个非常关键的因素。

4. 教会孩子不断反思，反思自己的能力、自己掌握的知识、自己的兴趣是否与梦想匹配。

5. 从身边的小事做起，培养孩子的意志、品质。

孩子的收获

梦想是一个人一生当中不可或缺的一部分，它的存在会让一个人的生活有目标、有动力、有希望，让一个人的精神世界变得充实且美好。我家是一个民主的家庭，从小到大，妈妈对我有过的梦想从未抱有怀疑、否定或是不相信的态度。她总是能够静下心来倾听我童年时期的"天马行空"，或是青少年时期的"豪言壮志"，并且给我一定的鼓励与启发。在我对未来产生迷茫的时候，她也没有匆忙插手，替我思考、安排我的人生，而是给我了一些发现兴趣的方法，同时列出可供参考的选择，然后慢慢等待我自己发掘。

在这过程中，我感受到了妈妈给我的爱与关怀，体会到了路逢知己的幸福，以及我真正喜欢的事情是什么，真正想做的事情是什么。当然，在与梦想相伴的日子里，妈妈也常常引导我反思我自己的梦想，在我提出一个想法之后，她总是会问"你觉得为了实现这个梦想，你所需要的能力有哪些""你打算怎么实现你的梦想"诸如此类的问题，自然而然地，我也慢慢养成了自我反思的能力。闲暇的时光里我常常思考为了实现梦想所需要采取的行动，我制订的计划是否尽了最大的努力去执行，以及近段时间我的能力有没有离实现梦想更近了一步。梦想之于我就如同夜空中的北斗星，在一个宏大、长远的时空里指引着我，激励着我。

因此，在学习和生活之中，每当我遇到困难与挫折的时候，一想到我心中的梦想，眼前的困难、得失便变得不再可怕，而相应的解决方案和改进计划也呼之欲出。同时，因为梦想的存在，我的每一天不存在所谓的浑浑噩噩，反之，一直都是十分充实的、快乐的、幸福的。

我想，梦想的真正意义不是去多快地实现它，而是在追逐梦想的途中不断地进步、成长与收获。

——陈正堃

第九章

时间篇

时间需要规划

> 世界上最快而又最慢，最长而又最短，最平凡而又最珍贵，最容易被忽视而又最令人后悔的就是时间。
>
> ——高尔基

高一上学期的学业和考试都结束了,终于放假了!

儿子,你怎么了?怎么这么沮丧呢?

哎!好不容易放假了,但留了一大堆寒假作业,9门课程的作业!

我都不知道是否能完成!我本想好好休息一下,多锻炼锻炼身体,多看看我想看的课外书呢……

计划全泡汤了!

我听儿子说完了,看着他不开心的样子,我没有说话。

我开始琢磨怎么帮助儿子做一份合理、高效的寒假计划，让他感受到既有自己的时间，又能高效地完成寒假作业。
我把自己曾经学习过的关于时间管理的知识回忆了一遍，并提炼出重点，想出了一套帮助儿子的方案。
第二天，周六
放寒假了，我们一起来制订一下这个寒假的计划吧！看一看时间怎么分配更合理？
好吧！
<最重要的事>
1.
2.
3.
4.
5.
<不重要但想做的事>
1.
2.
3.
4.
5.
于是我拿了一张A4纸对折，左侧第一行写下“最重要的事情”。右侧第一行写下“不重要，但是想做的事情”，经过一番热烈的讨论，我们写写删删，最后留下了这10件事。

时间需要规划

高一上学期的学业、考试都结束了,终于放假了,儿子背着鼓鼓囊囊的书包,手上还拉了一个大大的拉杆包,沮丧地往校门口走来,我赶忙迎上去帮儿子拉拉杆包,着急忙慌地问:"儿子,你怎么了?怎么这么沮丧呢?"儿子无精打采地说:"哎!好不容易放假了,但老师留了一大堆寒假作业,9门课程的作业!我都不知道是否能完成!我本想好好休息、放松一下,多锻炼锻炼身体,多看看我想看的课外书呢,这下子全泡汤了!"我看着他不开心的样子,没有说话,于是我们一起走到马路边,我开始叫出租车,车到了,儿子迅速地把拉杆包和背包放到车的后备厢里,然后我们都迅速地坐上车,在车里我们也没有说一句话。我开始琢磨怎么帮助儿子做一份合理、高效的寒假计划,让他感受到既有自己的时间,又能高效地完成寒假作业。从学校到我家的车程大约60分钟,我利用这60分钟，大脑快速运转，把我自己曾经学习过的关于时间管理的知识回忆了一遍，并提炼出重点，想出了一套帮助儿子的方案。

到家后我们收拾好行李，我迅速地做了鸡蛋西红柿面，吃完饭，我跟儿子说今天晚上好好休息、放松一下，什么都别想了。

第二天正好是星期六，我也休息。儿子吃完早饭后舒舒服服地坐在沙发上，抱着iPad看了一场篮球比赛。看完篮球比赛后，我看他的心情挺好的，于是我跟他说："放寒假了，我们一起来制订一下这个寒假的计划吧。看一看时间怎么分配更合理，让你既有写作业的时间，又有自己阅读、锻炼、休息的时间。"儿子很配合地说："好的。"于是我拿了一张A4纸对折，左侧第一行写下"最重要的事情"，右侧第一行写下"不重要，但是想做的事情"，经过一番热烈的讨论，我们写写删删，最后留下了这10件事。

最重要的事情	不重要，但是想做的事情
1.制订详细的周计划和日计划	1.看3部电影
2.写寒假作业（9门课程）	2.看篮球比赛
3.按时上网课	3.和家人聚会
4.课外阅读	4.和朋友聚会
5.锻炼身体	5.参观博物馆

接着我又引导儿子说："制订详细的周计划、日计划最重要，这样你就可以按部就班地去完成每一项作业，同时也可以做你自己想做的事。"我想计划也应该与长远目标联系在一起。我又问："你的目标是什么？"儿子慢条斯理地说："那当然是在考试的时候考出好的成绩。考上理想的大学，拥有健康的身体。"我说："没有问题。确定目标还要跟随自己的心愿，当目标是跟随你自己心愿的时候，内驱力和主动性才会变强，这样更容易完成任务，达成目标。"于是我和儿子一起讨论，写出了寒假中每周的具体计划。

寒假每周计划

时间	周一	周二	周三
09:00~10:30	数学作业☐	数学作业☐	数学作业☐
10:30~11:00	跑步☐	健身操☐	跑步☐
11:00~12:30	物理作业☐	物理作业☐	物理作业☐
12:30~14:00	午餐、午休	午餐、午休	午餐、午休
14:00~15:30	英语作业☐	英语作业☐	英语作业☐
15:30~16:30	打篮球☐	打篮球☐	打篮球☐
16:30~18:00	语文作业☐	语文作业☐	语文作业☐
18:00~19:30	晚餐、休息	晚餐、休息	晚餐、休息
19:30~21:00	历史作业☐	化学作业☐	生物作业☐
21:00~22:00	课外阅读☐	课外阅读☐	课外阅读☐

第九章 时间篇 时间需要规划　　143

周四	周五	周六	周日
数学作业☐	数学作业☐		上网课☐
健身操☐	跑步☐		
物理作业☐	物理作业☐		看电影☐
午餐、午休	午餐、午休		看篮球赛☐
英语作业☐	英语作业☐		和家人聚会☐
打篮球☐	打篮球☐		和朋友聚会☐
语文作业☐	语文作业☐		参观博物馆☐
晚餐、休息	晚餐、休息		（在5项活动中任选1项）
政治作业☐	地理作业☐		
课外阅读☐	课外阅读☐		

每周一早上8:30~9:00抽出10分钟,制订周一至周五的计划,并按时完成计划。完成计划后要让孩子认真思考一下,坚持执行计划后,会带来什么样的改变,会有什么样的收获。

孩子写:

坚持执行计划后,会带来什么样的改变:_____

坚持执行计划后,会有什么样的收获:_____

完成每周计划后,每天可以根据需要适当调整。我和儿子继续制订每日计划,这样可以再细化,更详细、更具体地写出需要完成的每一项内容和具体时间。一天的时间如果不按时间段规划好,就会无目的地浪费掉。每天早上8:30~9:00抽出5分钟,制订一天的计划。

寒假每日计划

时间	周一	具体内容
09:00~10:30	数学作业□	完成一套数学试卷
10:30~11:00	跑步□	跑2000米
11:00~12:30	物理作业□	完成一套物理试卷
12:30~14:00		午餐、午休
14:00~15:30	英语作业□	完成2篇英语阅读,写一篇英语作文
15:30~16:30	打篮球□	
16:30~18:00	语文作业□	完成6页语文作业
18:00~19:30		晚餐、休息
19:30~21:00	历史作业□	完成一套历史试卷
21:00~22:00	课外阅读□	阅读《红楼梦》

计划制订好后,需要去执行。我担心儿子很难专注、很难坚持,于是给儿子说了说学习每门功课后的收获,就是赋予学习的意义。我想孩子不能为了学习而学习,也不

能仅仅为了成绩而学习；应该为了成长或是自己真正感兴趣的事情去学习；应该为了自己的人生目标、为了自己的理想去学习。把学习与自己感兴趣的事情、自己的人生目标和理想结合起来，坚持的动力就会更强。在学习的时候给自己一个精神寄托，这样才会产生极强的内驱力，其本质就是明确学习的意义。当孩子明确目标，就会从一个拖延的人变为行动力极强的人。当孩子明确学习所带来的收获的时候，他会把所学的知识融会贯通，进而成为自己想成为的人，甚至在未来有可能成为改变世界的人。于是我们一起写出了学习各门课程的收获。

数学（学习后的收获）

1. 锻炼思维能力、判断能力、分析能力、理解能力。
2. 思考任何问题的时候都比较缜密，不至于思绪混乱。
3. 锻炼自己的脑子反应灵活，对突发事件的处理也更理性。
4. 为未来学好经济学、计算机打好基础。

语文（学习后的收获）

1. 了解中国博大精深的优秀文化。
2. 开阔眼界和格局。
3. 提高理解能力、写作能力。
4. 提高自身的文学素养。

英文（学习后的收获）

1. 可以阅读英文原版小说，开阔眼界。
2. 为未来学习经济学、计算机专业打好基础，尤其计算机程序都是英文，各种软件操作系统内核都是英文。
3. 走向世界的工具。

物理（学习后的收获）

1. 物理是一门贴近生活的学科，它能帮助我们认识生活中的很多现象，如电学、光学、力学的应用。
2. 培养逻辑思维能力，对事物的理解、认识也会有一定的帮助。
3. 通过学习基本定理发现自然中的哲学。

历史（学习后的收获）

1. 以史为鉴，对未来有指导意义。
2. 以发展的眼光看待问题、看待世界，令人心胸开阔。
3. 学会"不以物喜，不以己悲"，探索人类发展的进程。
4. 有助于提升自己的文化修养。
5. 了解伟人的智慧，对为人处世有帮助，对自己的成长有帮助。

政治（学习后的收获）

1. 了解国家政策、了解国情，成为一名合格的公民。
2. 规范思想品德。
3. 了解生活的基本常识。
4. 了解国家未来的发展走向。

5.增强理解能力，打磨逻辑思维能力。
6.为未来学好政治经济学打好基础。

体育（学习后的收获）

1.改善心情，让自己感到快乐。
2.帮助控制体重。
3.有益身体健康。
4.可以促进睡眠，好的睡眠会让人注意力集中，进而提高学习效率。
5.经常锻炼会让自己充满活力。

从此以后，每当我与儿子讨论学习文化课的收获、学习文化课与未来专业与发展的联系、与自己的人生目标和理想相联系的时候，儿子都会激情满满，即使遇到困难、遇到不会做的题的时候也会想尽办法克服。

说实话，一年365天，天天学习是非常苦的一件事情，但孩子想到咬牙坚持3年就能考上理想的大学，学习自己想学的专业，认识一群志同道合的同学，可以向更优秀的老师学习，为自己未来的发展打下坚实的基础，眼前的这些苦、这些累、这些困难就显得微不足道了。当孩子明确了自己的目标的时候，孩子就有了努力的方向和动力。

记住，把每个学科学习后的收获写出来，把学习中与孩子最关心的事情结合起来，当赋予学习的意义的时候，孩子就能专注、专心，克服困难，坚持到底。

在学习规划时间的过程中，我让孩子参与其中，多和孩子沟通，让孩子做最终的决定，同时还注意考虑孩子的情绪和感受。在此过程中我也给儿子分享了帕瓦罗蒂的故事。据说帕瓦罗蒂喜欢唱歌，也喜欢孩子，并希望自己能成为一名教师。于是，他考了一所师范学校。即将毕业时，帕瓦罗蒂问父亲："应该怎么选择？"他的父亲说："如果你想同时坐两把椅子，那么你只会掉到两个椅子之间的地上。"

听了父亲的话，帕瓦罗蒂选择做教师。但因为缺乏经验，最终他离开了学校。于是，帕瓦罗蒂又选择了唱歌。他开始随合唱团在各地举行音乐会。可是，很多年过去了，他没有取得什么成绩。在一场音乐会上，他的声带有点小问题，没有唱好，被满场的喝倒彩声轰下台。但他没有放弃，后来终于在一场歌剧比赛中崭露头角。

从此，帕瓦罗蒂的名声越来越大，后来成为活跃于国际歌剧舞台上的男高音。当记者问帕瓦罗蒂成功的秘诀时，他说：我的成功在于我在不断的选择中选对了自己施展才华的方向，选对了自己人生奋斗的方向。所以，要教会孩子学会选择方向，并且明确目标，把时间用在有价值的事情上。

在日常生活中，我们不可能一个人生活，有家人、有老师、有同学，需要与人相处，不太可能把所有时间都用在自己身上，但我会教儿子说"不"，让孩子记住，每个人都有说"不"的权利。比如：今天还有很多作业没有写完，同学约我去打篮球，我可以说："不去了。因为今天的作业太多了，我就不和你们一起去打球了。明天有时间再和你们一起打球。"

　　有了明确的目标、计划后也要培养孩子克服拖延的毛病。儿子一开始也有拖延的小毛病，于是我就引导他利用闹钟给自己定下一个时间期限，并写在计划里，完成一项就打一个"√"。当天的作业一定要在当天完成。把作业或任务与个人发展联系起来。找一个安静的学习环境，在家里可以关上门，手机关掉或把手机放远一点。在学校，就在教室里或图书馆里学习，因为教室和图书馆有学习的氛围，这些地方消除了可能分散注意力的因素。有的时候拖延不是因为自控力不好，也不是时间规划得不好，而是因为诱惑太多了。比如孩子知道写作业很重要，但手机摆在眼前免不了看看朋友圈、看看同学发来的信息、看看抖音……克服拖延的毛病其实也是挑战人性，对孩子来说有难度，需要一些小方法，比如：尽可能让孩子的生活有规律；让孩子把自己的房间、书桌收拾干净、整洁，没有杂物分散精力；把大目标分解成小目标等。

最后，还要学会不断自我反思和总结。《学记》中说："学然后知不足，教然后知困。知不足，然后能知反也；知困，然后能自强也。"美国学者波斯纳提出个体成长的公式是：经验+反思=成长。不断自我反思和总结为我们积累知识和提高技能做出了重要保障。孩子在按照计划执行完学习任务后，还要学会不断反思、总结，找出不足之处，然后改善不足之处，这一点对于孩子的成长非常重要。

"凡事预则立，不预则废。"规划需要准确且切合实际，以及运用科学的方法进行整体到细节的设计。根据孩子的不同成长阶段、实际情况制订有目的、有意义、有价值的行动计划，也很重要。要让孩子从小事做起，让孩子学会独立计划事情，并帮助孩子规划好他自己的时间。目标是成功的目的地，计划是奔向目标的方向盘。指导孩子制订实现目标的"行动计划"，就是帮助孩子一步一个脚印地慢慢向前走。

分享

1. 教孩子学会选择方向，并且确定目标，把时间用在有价值的事情上。

2. 教会孩子制订周计划、日计划。

3. 教会孩子说"不"，让孩子记住，有说"不"的权利，委婉而坚定地说"不"。

4. 有了明确的目标、计划后也要培养孩子克服拖延的毛病。

5. 让孩子在按照计划执行完学习任务后，还要学会不断反思、总结，找出不足之处，然后进行改善。

孩子的收获

规划的意义在于不让自己的生活"丢三落四"或是"手忙脚乱"同时还能让焦虑紧张的心情平静下来。规划的作用在于不为模糊的未来担忧,只为清晰的现在努力。规划的作用在于将一个长时间的学习、工作过程拆分成一个个的小时间段,或是将一个较为复杂的任务拆分成多个易上手的小任务,或是将一个大目标分成几个小目标,通过规划我明显发现原来一天当中能够做的事情多得远远超乎我的想象,自然而然拖延的毛病改了,我的学习效率高了,在考试中取得了好成绩,我对所有事情的掌控感也增强了。进而我的压力也得到减轻,因为我不必占用大脑内存去想我都有哪些事情要做,只需看一眼时间、看一眼计划表就能够知道自己该做什么了。

当我情绪不好和有压力时,我看看自己的计划表就会意识到,我还有时间完成所有的事情,尤其是那些重要的、复杂的、难的事情。充分利用计划表,也能让我劳逸结合,有时间休息,有时间锻炼身体,身体素质也得到了提高。规划时间就是节约时间，规划时间也可以养成自律的习惯。

　　通过制订计划，可以克服懒散、拖延、"三分钟热度"等坏毛病。通过制订计划、执行计划，每天进步一点点，我想几年后、几十年后这能量将是巨大的。通过制订计划，我体会到一段时间内全情投入做一件事情是快乐的。"不积跬步，无以至千里；不积小流，无以成江海"的"积"字，明确地告诉我们只有步步积累，才能遇见更好的自己。

　　我想所有优秀的人都应该是这样的：心中有理想、有目标、有计划，并坚定不移地去执行，去努力完成每个时间段的每一件小事。

——陈正堃

第十章
关于理想教育

> 每一个成人都应该记住,只有当他们的行为正直而高尚的时候,他所坚持的道德观念才能深入到孩子的心灵中去,并支配孩子的思想和感情。为孩子树立榜样首先意味着激励孩子去做好事。
>
> ——苏霍姆林斯基

第十章 关于理想教育

从事教育教学工作多年,我经常和我的学员们一起讨论:

1.早期教育的根本目的是什么?

2.什么是理想的教育?

讨论了多年,大部分人都认为早期教育的根本目的是让孩子拥有幸福的人生,拥有健全的人格,当孩子长大成人的时候可以享受他的人生、享受他的幸福生活!幸福的人生应该始于幸福的童年!幸福的童年,能给人带来更多的积极影响,哪怕长大以后经历一些困难和挫折,也能很快走出来。不幸的童年,会带给人很多沉重的枷锁和心理负担。有些人,终其一生,都走不出童年的阴影。每个人或多或少都会受到童年经历的影响;也许只有极少一部分人,能摆脱童年经历的困扰,获得新生。

那么什么是幸福?这问题太大、太难回答,对吗?我的理解非常简单,看着孩子一天天健康(身体和心理)长大,就是一种幸福!和家人健健康康地在一起,就是一种幸福!做自己真正喜欢的事,就是一种幸福!交自己喜欢的朋友，就是一种幸福！用自己喜欢的方式生活，就是一种幸福！用一颗善良的心看待生活中的一点一滴，就是一种幸福！用一颗热爱的心对待学习，就是一种幸福！用一颗珍惜的心对待亲情、友情和爱情，就是一种幸福！用一颗执着的心追求梦想，就是一种幸福！

玛利亚·蒙台梭利曾经在《教育与和平》一书中提出了一个明确的目标，并建议我们去实现这一目标。她说："教育不是一件小事，它涉及人类的精神发展、个人价值的提升，教育能够拯救人类，教育的最终目的是要让孩子掌握拥有幸福的能力。"

我们都希望孩子拥有幸福美满的人生。要想达到这一目的是非常不容易的，我们必须对孩子进行全面的教育，既要重视孩子的智力培养，又要重视孩子健全人格的塑造；既要大胆、合理地开发孩子的潜能，又要尊重孩子的个性，使其个性得到充分的发展。

我们期望孩子拥有幸福的童年，并不意味着孩子要什么就给他什么、要怎样就怎样；并不意味着不让孩子去体验真实的生活，如难受、疼痛、失望、焦虑、挣扎等。如果爸爸妈妈在孩子童年时期替他们做了所有的事情，代替他们体验各种情绪、各种经历、处理各种问题，以后孩子在生活中遇到麻烦时可能就不知道如何应对，遇到问题的时候可能就不知道如何解决、如何适应。如果爸爸妈妈竭尽全力地为孩子提供完全保护、完美童年，孩子可能就很难成长、很难成熟！

我们都希望孩子拥有健全的人格。人格健全的孩子非常热爱学习，不断吸收新的知识和经验，会对世界抱有开放的态度，能够以理性的态度看待他人，有良好的人际关系和协作精神；能够以理性的态度看待自己、接纳自己；能够以理性的态度看待顺境和逆境，能够驾驭情绪，保持良好的心境，成为一个独立自主、坚强自信、幸福、快乐的积极进取者。

如果一个孩子只会学习文化知识，只会做各种试题、只会考高分，不知道自己的人生方向，没有自己的兴趣爱好，不懂得什么是亲情、友情和爱情，不懂得与人为善，不懂得协作与双赢，不懂得如何驾驭情绪，不懂得如何面对问题、解决问题，不懂得什么是责任，他的未来可能也会无趣、黯淡无光。

我重视儿子文化课的学习，我也认为学好文化课很重要，但我不希望儿子成为一个只会学习文化课的孩子。我希望他热爱生活、热爱音乐，儿子在4岁半的时候我带他学习钢琴，学习钢琴的目的并不是考级、拿到奖杯、成为钢琴家。音乐最大的魅力是能陶冶性情，提高个人的素养。

音乐中优美的旋律、多变的节奏，对人的精神、情操的陶冶有着不可替代的魅力和力量。在日常生活中，音乐潜移默化地影响着孩子的情感、意志、品格等。当孩子心情不好的时候，可以通过弹钢琴宣泄自己的情绪。当孩子在家无聊的时候，可以弹弹钢琴，把时间浪费在美好的事物上，也是一件乐事。当孩子听音乐会的时候，可以欣赏音乐并陶醉其中。在弹琴的过程中，孩子多了一份经历，多了一份感悟，多了一分收获，多了一份幸福感。

我和我的钢琴

陈正堃

花儿追求绽放，鱼儿追求遨游，我追求在琴键上释放如火的激情……

每当我走过那间屋子，总会扶着门把手，打开门，望着那稍有落尘的钢琴，然后走上前去掀起琴盖，用手轻轻抚摸着那浸润过我汗水的琴键……

在我四岁半时这台钢琴来到我家，至今已有十年，它陪我走过了最美好的年少时光，也为我的平凡生活带来一束光。

这台钢琴比普通钢琴稍大，或许是因为有华丽装饰的缘故。棕褐色的琴体与室内色调融为一体，琴架上放着几本练习册，册子中的圈圈点点勾画得清晰可见。轻轻弹响琴键，那熟悉的韵律立即浸入我的心田。

要说学习钢琴，得从我四岁半那年说起，从我进入培训机构听到悦耳的旋律的那一刻起，我便深深地迷恋上了这个乐器。从此我的生活不再是瞎玩瞎闹，不再是看电视，不再是无聊睡大觉虚度时光了，我有了一件可以为之拼搏的事情——弹钢琴。

小的时候我心中没有钢琴，直到我的心智渐渐成熟，即将步入青春期，钢琴才真正意义上降临到我身边，青春本是绽放光彩奋勇向上的时候，可我恰恰相反，十二三岁是我在音乐方面陷入迷茫的时刻。

每当我听说有钢琴大赛时，青少年心中的那股热血便喷涌而出，为了拿到一个漂亮的奖杯，为了获得一个好的名次，我将我所有的业余时间都放在练琴上，练到腰酸背痛，练到手心出汗，拼尽全力只为圆心中的那个梦。但现实总是不尽如人意，结果也总是事与愿违，每次上台我都会不由自主地紧张，身体僵硬，四肢发冷，双手出汗，脑袋发蒙。演奏时的琴键就如同一层冰面，我的手指在上面来回滑动不知所措。可机会只有一次，没有人会因为你的发挥失常而再给你一次机会。

有时，我也能拿个二等奖或三等奖，可殊不知这奖项是人人都有的。我的能力不再像一开始那样在人群中脱颖而出，反而是在高手如云的赛场上沉默了下去。可有一句人们常说的话点醒了我"苦心人，天不负"，若成功向来轻易，怎么还会有那么多在追梦之路上奔波的人？若不耕耘就能收获，这个世界怎会有高低之分？

事到如今我还为之努力着，虽然时间不再充裕，可我从未停歇。我的生活有钢琴陪伴是一件很幸福的事情。正如《爆裂鼓手》中的那句话：我从不会为我怎样努力而后悔。

我的生活有追求，我追求艺术人生，我追求黑白琴键上迸发出的音符，我追求沉浸在曲子中的激情，我追求艺术带来的美好与幸福，我追求……

（写于初二时）

除了学习音乐，还要让孩子热爱阅读，一个热爱阅读的孩子，可以学会深度思考，可以让自己真正地安静下来，可以让自己的思想境界一步一步提高。儿子小时候我就带着他一起读绘本、讲故事、看书。儿子识字后，我会

推荐适合他这个年龄段看的各种有意义的书籍或文章让他阅读，阅读后我们一起分享、一起讨论，总之让孩子从小爱上阅读。儿子在上初一的时候写了一本诗集，虽然文字很简单、很稚嫩，但也是一种经历，一种成长和收获，更是一种幸福。

诗：

野 花

陈正堃

甘露降临润土地，

大地顿时富生机。

小巧色淡身形矮，

顽强傲视室中花。

（写于初一时）

知识的学习可以让一个孩子飞得更高，乐观可以让一个孩子心理健康，运动可以让一个孩子拥有健康的身体。

生活中仅仅有音乐、阅读还不够，体育运动也很重要。蔡元培先生曾经说过："完全人格，首在体育。"在体育运动中，孩子可以锻炼出强健的体魄。在体育运动中，可以磨炼孩子的意志，让孩子锻炼得足够坚韧。在体育运动中，孩子学会竞争，同时在竞争中学会与人合作。在体育运动中，孩子会经历一次又一次的失败，再一次又一次地重来，从而锻炼抗挫折的能力。因此，我鼓励孩子每天坚持跑步，锻炼身体或跟小伙伴们一起打篮球。在运动的过程中，孩子多了一份经历，多了一份感悟，多了一分收获，多了一份幸福感。

我们一起走过

陈正堃

岁月如同蜿蜒曲折的小溪，逝去的是时间，留下的是回忆。你是我必不可少的陪伴，我们一起走过无知的幼年，我们一起走过多彩的童年，我们一起走过青涩的少年，你还将陪我走向未知的将来……

在我很小的时候，你就出现在我的生活当中，一个皮制的球体，上面还有各种图案，落到地上竟然还能弹起来，拍下去之后，又会弹起来。我开始好奇地拍打你，新鲜感让我对你产生了浓厚的兴趣，渐渐地与你做伴就成了我每天必不可少的事情。我与你相伴时，每分每秒都很充实，我从中明白了兴趣的重要性。幼儿园的老师告诉我们你叫"篮球"，而那时的我一直很不明白，你又不是蓝色的，怎么会叫"篮球"呢？

到了小学，我在体育课上又见到了你的身影，体育老师向远处指了指，对我们说："那个是篮球架，圈状的叫篮筐，我们要把篮球投到篮筐里。"我顿时恍然大悟，原来篮球是用来投的。我开始一步一步地探索，起初我没有力量，甚至还不能使篮球碰到篮筐，但是强烈的好奇心驱使着我，我更加努力地练习，没有停止前进的步伐，一段时间过后我能让球碰到篮筐了，又过了一段时间，我能投进球了，再过一段时间，我的命中率突飞猛进，投球距离也越来越远，我开始对篮球爱不释手，我享受篮球出手的时刻，享受篮球投进筐的瞬间，享受篮球擦网而进的声音……随着时间的推移，我接触到了正规的篮球比赛，这是一项团队运动，个人技巧再好也不可能只手遮天，只有默契的配合才能力挽狂澜。你陪伴着我度过了色彩斑斓的童年，你在我脑海中那琐碎的记忆串联成一根根美丽的丝线，又编织成美丽的画卷……

篮球一直陪伴着我到了初中，初中的学业愈加繁重，压力和烦恼随之而来，但是当我拿起篮球，一切浊气都烟消云散，几乎每天中午我都会跑到篮球场，与他人切磋，但是人外有人山外有山，我好像不再像小学时那么厉害，一场比赛可能插不上手。于是我开始努力练习，弥补我的不足。在这过程中我也遇到了许多的坎坷，但是量的积累引起了质的飞跃，我的技术发生了日新月异的变化，在篮球比赛上也能一展身手。我享受奋勇拼搏的快感，我享受大汗淋漓的解脱，我享受场下欢呼雀跃的呐喊，我享受胜利后的自豪。

　　篮球，我从你身上体会到了团结合作的重要性，体会到了勤能补拙的良训，体会到了奋勇拼搏的喜悦，体会到了大获全胜的自豪。

　　你陪伴着我的过去，陪伴着我的现在，你始终影响着我，丰富着我的生活，在遥远的未知世界，我相信你也能一直与我相伴。

（写于初一时）

　　音乐、阅读、运动……这样，孩子拥有丰富的生活，多美好呀！平凡中有情趣，平淡中有颜色！

我想，影响孩子成长乃至成才有两大因素：一个是智力因素，另一个是非智力因素。智力因素每时每刻都在起着作用，而非智力因素，如情绪、情感、自信心、性格、自控力、处理事情的能力、理想等往往在关键时刻，起着决定性的影响。爱因斯坦曾经说过：智力上的成就在很大程度上依赖于性格的伟大，这一点往往超出人们通常的认识。老舍先生曾深情地回忆说：从私塾到小学到中学，我经历过起码有百位老师！其中有给我很大影响的，也有毫无影响的，但是我真正的老师，把性格传给我的，是我的母亲。

那么，什么是理想的教育？理想的教育是给孩子无条件的爱，给孩子选择的机会，尊重孩子。

理想的教育是父母要以身作则，尤其在品德修养方面给孩子做榜样。理想的教育是父母要负责任，每一个优秀孩子的背后都会有负责任的父母。理想的教育是和孩子共同成长，父母不断学习、不断成长也是给孩子做表率。

孩子在婴儿时期就开始慢慢地模仿父母，模仿父母各种各样的动作、情绪、语言等。当父母高兴、生气或焦虑的时候，孩子的镜像神经元就会"捕捉"到父母的情绪，孩子也会有同样的感受，也会高兴、生气或焦虑。镜像神经元帮助孩子模仿：爸爸或妈妈拍手，孩子会学着拍手；

爸爸或妈妈皱眉，孩子会学着皱眉……

在孩子成长的过程中，父母是孩子的第一任老师。苏联教育家马卡连柯曾说：父母自身的行为在教育中具有决定意义。不要以为只有你们同孩子谈话，或教导孩子、命令孩子的时候才是在教育孩子。在你们生活的每一瞬间，甚至当你们不在家的时候，都在教育着孩子。

我们说言传很重要，但身教比言传更为重要。身教是没有声音的，没有声音的教育更能渐渐地、不知不觉地、潜移默化地深入孩子的内心深处。所以，在家里父母做了什么比说了什么更重要。因为父母的每个行为都会在孩子的脑海里留下印记，也许在未来的某一天孩子的行为也会表露出来。

孩子的生活能力、生活态度、生活习惯、健康的心理、健全的人格等都是在家庭中、在与父母互动的过程中慢慢形成的。因此这需要父母用心教育、用心陪伴，不断学习，跟孩子共同成长、共同进步，最终把孩子培养成为一个有价值、对社会有贡献、拥有幸福生活能力的人。

所以，我们说教育好孩子是父母前半生最重要的事业。教育也是给人的肉体注入灵魂。

第十一章
温暖的地方
——家

温暖的地方——家

陈正堃

岁月的长河缓缓流过,成长的脚印深深留下。蓦然回首,慢慢长大的路上留下一串串斑斓的、或深或浅的脚印,记载着收获,记载着成长,记载着快乐,记载着幸福,伴随我一路走来。

小时候我有些特别奇怪的爱好,比如说把痱子粉撒在桌子上用玩具车碾压,观察车轮带起粉末飞溅的样子。大概是想模拟下雪的场景,有时我把痱子粉撒满桌子,一玩就是一下午,玩的时候还常常不小心把粉末碰洒在地上。我经常是玩得不亦乐乎,看着"白雪皑皑"的桌面,我幼小的好奇心得到了充分的满足。现在想想可真是替那时的我捏把汗,这么"浪费、搞怪"的操作引来妈妈的呵斥真是再正常不过了。但是,我的妈妈始终没有阻止,而是放手让我自己大胆尝试、大胆探索。仔细一想,我家的自由、相互尊重、平等的氛围原来在那时就已经建立起来了。

上小学后，学习成绩成了家长们心中追求的目标，但是我好像从来没有察觉到妈妈对我在这一方面的过高要求，妈妈总是提醒我学习是自己的事，要对自己的学习负责，上课认真听讲，下课认真完成作业，写完作业后认真复习，预习第二天要学习的新知识。每当我写作业时间超过2小时的时候，我总是听到妈妈对我说："儿子，起来活动活动，让眼睛也休息一下，出去打打球、跑跑步。"因为热爱运动的缘故，我常常就按照妈妈说的这么做了，但尴尬的是我有一个丢三落四的毛病，骄阳之下，大汗淋漓的我因没有带水而像是热锅上的蚂蚱，看着让我意犹未尽的篮球，我只好不情愿地往家走，可妈妈就好像是"预测"到了我的处境，我看见她喊着我的名字向我走来，将温温的白开水递过来让我喝，又从她的兜里拿出纸巾轻轻地擦拭我头上的汗珠，一边擦一边和蔼地对我说，"到外面运动的时候一定要带温开水和纸巾，渴了就喝点水，出汗了就用纸巾赶紧擦干免得着凉"，还让我改掉丢三落四的小毛病。

说来也奇怪，在这样一个宽松、自由的家庭环境里，我在二年级的时候便深深地爱上了学习，并一直坚持到现在。回首过往，家里一幕幕温馨的画面总能在我眼前浮现,有期末考完试回到家中,听妈妈给我分享令人期待的假期旅游计划;有运动完后回到家妈妈给我做的一顿香喷喷的饭菜;有写完作业后,妈妈给我讲的一个个富有哲理的小故事……就这样我度过了一个既快乐、幸福又充实的童年,虽然成绩不是特别优异,但是却塑造了较为健全的人格。

到了中学,"梦想"这样一个词,在妈妈的不时点拨中时常出现在我的脑海里。没事的时候我常常躺在软软的沙发上发呆,思考我的人生目标和人生价值,而家中的氛围在此时此刻也不自觉地安静下来,仿佛是在给我提供一片净土。有时,我会突发奇想地拿起一些与学校学科毫不相关的闲书去阅读,进而发掘我愿意为之奉献的兴趣,妈妈也没有反对或是试图阻止我看一些闲书。令我意外的是,她还会给我一些建议、指导或资源,比如购买相关书籍,推荐网上比较有意义的课程、好的公众号和文章,分享某些学科对口的职业及未来发展的前景等。就这样,我渐渐明白了我努力的方向和我自己的人生目标,进而在学习中我也变得越来越斗志满满。

家,是温暖的代言。宝盖头遮住了生活中的风霜雨雪,一横三撇是家里人的挂念,向外的两撇是孩子向外开拓的信念,一个竖钩把全家人连在一起。家是我心灵停靠的港湾,在这个地方鲜有冲突,多有和谐,我不敢说在这样的家庭环境中成长起来以后会有多大的作为,但至少我知道我是谁,我要去哪里,我要做什么。我也会竭尽全力,努力成为最好的自己。

写于2021年2月18日

后 记

  2021年2月28日，我和我儿子写完了这本书的所有文字。在一边回忆一边撰写每一章文字的过程中，每一段经历在我的脑海里都留下了深刻的记忆，这些记忆有喜悦、有烦恼、有欢乐、有泪水……这些记忆让我再次重温了陪伴孩子长大的日日夜夜。

  我和儿子写完每一章后，我们彼此都会认真阅读对方撰写的部分，并给对方提出修改的建议。字里行间，我看到我陪伴儿子一起走过的平凡的日子，就是这些平凡的日子让我们不断成长，不断成熟。此时我心中充满了喜悦和满足，同时也充满了感激之情，我感激孩子让我有机会陪伴他慢慢长大，感激孩子让我体会到了做妈妈的幸福，感激孩子让我没有停止成长，感激孩子在成长过程中的一点一滴的进步……这些给予我撰写这本书的动力。

  人们常说，孩子是上天送给父母最好的礼物。随着孩子一天天长大，我越来越感受到这句话的真切与真实。孩子让我走上了成长之路，孩子让我体会到了生活的饱满与充实，孩子让我体会到被需要的幸福与价值。

是孩子一直引领着我，促使我不断地了解自己，不断学习、不断探索更广阔的知识领域，成为更好的自己，因此在养育孩子的过程中，我既是付出者，更是收获者。

在此，我祝福所有的妈妈享受和孩子在一起的美好时光，感受彼此的温暖。祝福所有的孩子在面对挫折与困难的时候不屈服、不害怕，勇往直前打破局限，勇敢地成为更好的自己。

感 恩

陈正堃

感谢在我成长的路上，与我朝夕相处的家长、老师、同学给予我很多的帮助和支持。家长一句句关心的话语，老师一声声耐心的教导，同学一次次诚挚的鼓励，都是我成长路上必不可少的动力和指路灯。

正如《逍遥游·北冥有鱼》中说的那样，任何事物的存在都要依附于一定的条件，它们的活动都要有所凭借。因此，不仅是我，我们每一个人一定都曾得到过家长、老师和同学的帮助，从而一步一步地成长起来。付出不是单向的，而是相互的。有人说，一个人最大的不幸不是感受不到别人的"恩"，而是得到了却漠然视之。一个不懂得感恩的人，只会把别人的给予当作理所当然，只会一味索取而不知回报。他的生活会因为体验不到相互给予的快乐而枯燥乏味。相反，一个懂得感恩和回报的人，会生活得轻松且满足，因为他能够从为他人创造的快乐中享受给予的乐趣。所以，我认为感恩是一种生存的智慧，是一种维护自身的安宁感和提高幸福感所必不可少的能力。

感恩，不仅是一种内心情感，更是一种外在行为，是以"寸草心"报"三春晖"的赤子之举。感恩有时只需要一句问候、一束鲜花、一个拥抱，甚至一个笑容。我们只有学会感恩，才能尊重每一份平凡的劳动，在未来的生活中少一分抱怨，多一分发自内心的满足与快乐。只要我们心怀感恩，便会发现，生活原来是如此美妙。

感恩是中华民族的传统美德，身为一名青少年自然应继承、发扬这种优良传统，塑造良好人格。当然，这不仅是青少年需要具备的品质，也是每一个人应该具备的品质。我们要感恩时代，现在同过去相比，我们的物质生活可以说是极大地丰富了，我们要感谢时代的赐予，珍惜现在的拥有，增强奉献意识和社会责任感，懂得回报社会。我们要感恩父母，感恩父母赐予我们生命，感恩父母的无私付出和养育之恩，对父母长辈多一分体贴、多一分关怀、多一句问候，尽孝心、重人伦、报亲情。我们要感恩老师，感谢老师对我们思想的启迪和引导，感谢老师的辛勤付出和不倦的教诲。我们还要感谢同学，感谢同学给予我们的帮助、支持，感谢同学带给我们的竞争压力和挑战，感谢同学给予我们进步的动力。

当然，感恩一次又一次的考试也是必不可少的。一张张试卷背后是一个个鲜活的生命，一个个鲜活的生命背后是一个个有趣的灵魂。一次次考试、一张张成绩单给予我们的不只有快乐或难过，更多的是知识、是积累、是经验、是不畏挫折的勇气。当然空想还远远不够，我们能够回报考试的是什么呢？当然是学习、学习、再学习，认真分析错误的原因，查漏补缺。

　　因此，我们需要常怀感恩之心，常付感恩之行，这是一种态度、一种责任、一种生活方式。拥有它，我们的心灵将充满力量，我们的生活将洒满阳光。